SWEET GREEN MONEY

중동 산유국의 새로운 변화와 녹색 노다지

스위트 그린머니

SWEET GREEN MONEY

중동 산유국의 새로운 변화와 녹색 노다지

임은모 (글로벌 그린 마케터) 지음

스위트 그린머니

차 례

프롤로그 ·· 8

Part 1 **중동 산유국에 부는 그린 머니 ··16**

1. 이유 있는 중동 산유국의 대반격 ·· 17

2. Present at the Creation ·· 24

3. No Money, No Deal ·· 29

4. Green is Green ·· 34

5. OPEC + Aramco + 관악캠퍼스 ·· 38

Part 2 **그린 쇼크에 취한 중동국가의 그린 산업 ·· 44**

1. Arab Countries Make Stand for Cuts ·· 45

2. 원자력 르네상스의 불을 지피는 요르단 ·· 49

3. 바람난 사우디아라비아 그린의 산업 ·· 56

4. 친환경 정책의 모범답안을 쓰고 있는 UAE ·· 61

CONTENTS

Part 3 Stop CO2를 기대하는 중동 그린 시티 ·· 66

1. 왜 중동 산유국은 그린 시티를 서두르는가 ·· 67

2. 미래 도시 건설로 재탄생하는 쿠웨이트 ·· 71

3. 킹 압둘라 경제도시에 녹여낸 그린의 사우디아라비아 ·· 79

4. 세계 최초의 제로카본시티 마스다르 ·· 84

**Part 4 그린 머니를 선택한 중동 산유국의
집중적 그린 전략 ·· 88**

1. 그린 머니-연결의 그린노믹스
(Greenomics of Connection) ·· 89

2. 그린 테크놀로지-속도의 그린노믹스
(At a Greenomics Speed) ·· 91

3. 그린 글로벌 마켓-규모의 그린노믹스
(Greenomics of Scale) ·· 95

4. 그린 라이프스타일-실천의 그린노믹스
(An Action Plan of Greenomics) ·· 99

Part 5   한국과 GCC와의 행복한 결혼식 FTA ·· 104

1. GCC 탄생과 경제 규모 ·· 105

2. GCC 그린노믹스 정서와 운영 ·· 109

3. 미래를 공유할 기회 요인 ·· 113

4. 산이 높으면 골도 깊은 법이다 ·· 117

5. 행복한 결혼식은 미래의 약속과 발전으로 빛을 발하다 ·· 121

Part 6   A New Global Green Player ·· 126

1. 미국 데소토 차세대 태양에너지 센터의 선파워
   (Sun power) ·· 127

2. 그린 아이디어 보고인 네덜란드 에컨선그룹 ·· 133

3. 원자력발전의 다크호스 유티릴티 한국전력 ·· 139

Part 7 중동 산유국에서 그린 코리아의 비즈니스
진출 전략 ·· **148**

1. 세계는 지금 원자력 헤게모니 싸움 ·· 149

2. 르와이스에 점찍고 실라에서 불을 지피고
   다시 마스다르에서 빛을 내고 ·· 154

3. GCC 권역 전체를 아우르고 ·· 164

4. 그린오션 창출은 가능한가 ·· 171

Part 8 Let's Go Middle East Green Market ·· **176**

1. 중동산유국 그린 마켓이 불타고 있다 ·· 177

2. One Planet Living ·· 182

3. 국회에 가로막힌 이슬람 머니 ·· 187

4. 한국인 해봅시다 ! ·· 192

에필로그 ·· 196

참고문헌 ·· 203

프롤로그

■ ■ ■ 지금처럼 녹색성장에 관한 말이 오고가는 시대는 일찍이 없었다. 발빠른 국내외 언론매체의 보도속도와 보도내용은 정보화 시대를 더욱 실감시키고 남는다.

산업의 녹색 생산성 중시(Green Productivity)가 산업적 이슈가 되면서 발생한 화두라 해도 그린 컬러 일색이다.

최근 중동 산유국인 아랍에미리트연합(UAE)의 아부다비에서 400억 달러에 원자력발전소를 수주하면서 덩달아 녹색성장산업의 견인차로 대두되는 원자력 얘기는 시중에 넘쳐나고 있다.

이제 원자력발전소 수주 성공 뉴스는 건국 이래 최대의 플랜트 수출 아이템이 되었고 향후에도 더 많은 수주가 예상되기 때문에 어쩌면 자연스러운 현상으로 이해가 될 수도 있다.

현지 신문매체인 〈걸프뉴스〉와 〈칼리즈 타임스〉, 그리고 국영 WAM통신은 필요 이상으로 한국 원자력발전의 기술과 시공능력, 그리고 안정성

(安定性) 확보 등을 연일 소개하고 있다.

잘 알려진 대로 한국전력이 주도한 코리아 원자력 발전 컨소시엄이 프랑스 아레바를 따돌리고 얻어낸 쾌거라 감동 그 자체가 아닐 수 없다.

한국형 원전 APR1400 수출은 역사상 최초 원전 수출로서 한국형 원전이 대외적으로 인정 받은 첫 사례이다.

세계 4위 석유수출국 UAE가, 석유 매장량 978억 배럴(세계 6위)에 이르는 중동산유국 국가가, 영원히 에너지 걱정 없이 살 수 있을 것 같은 나라가 원자력 발전소 건설에 목을 매고 있다는 사실은 한국의 시각과 한국인의 정서로는 이해하기 어려울 수도 있다.

국영 WAM통신에 따르면 UAE의 한 해 전력 수요는 현재 1만 6,000MW 수준이다. 막대한 오일머니 수입에 의해 급속한 경제발전이 이루어지면서 매년 전력 수요가 빠르게 증가하고 있는 것이다. 이런 추세라면 2020년에는 전력 수요가 4만 MW가 넘을 전망이다. 따라서 지금이 전력 생산 시스템으로는 이를 충족시킬 수가 없기 때문에 UAE에서는 우리의 상상을 초월할 정도로 원자력 발전소에 기대를 걸고 있다.

이유 있는 집필의 충분조건

바로 이 대목에서 이 책은 시작된다. '그린=돈'이 되고 있는 산업적 패러다임을 직시하고 이 책의 메인 콘셉트를 잡았다.

이를테면 코펜하겐 시대(기후변화 시대의 다른 표현)가 요구하기 시작한 글로벌 이슈가 작동됨에 따라 지금과 같은 글로벌 그린마켓은 기존의 산업 질서마저 바꾸어 가기 시작한 것과 같은 이치다. 아니 그렇게 만들어 가고 있다.

아이러니하게도 중동산유국이 맨 먼저 지구온난화 방지와 기후변화 대응을 그린 비즈니스 아이템으로 등극시켜 그린머니 획득에 앞장서고 있다는 점이 내 등을 친 것이다.

중동지역에서 제조업은 태생적으로 규모의 경제를 이룰 수 없기 때문에 실질적으로 그들이 실행할 수 있는 분야를 찾아야 했으며 그것이 세계적인 산업적 패러다임을 바꿀 수 있는 그린마켓이었다.

그냥 그린마켓이 아니라 글로벌 그린마켓을 지향하는 몸짓은 예사롭지 않았다. 예를 들면 아부다비 마스다르가 세계 최초의 제로카본시티를 조성중이고 쿠웨이트가 같은 개념의 실크시티를 구성 중에 있다.

패러다임 변화와 그린의 미래 함수 찾기

이러한 사회적 현상을 도식화한다면 아마 이런 것이 될 것이다.

'그린머니를 선택한 중동 산유국의 녹색성장 올인 전략' 쯤일 것이다. 반복해 말하자면 그린에서 길을 찾았고 풍부한 오일머니를 바탕 삼아 글로벌 그린마켓에서 자기 목소리와 자기 길을 찾아나서는 일에 올인한 것이다.

최근 중동 산유국 사이에서 불고 있는 인재양성의 바탕도 새롭게 대학을 세우거나 만드는 일보다는 세계적인 일류 대학과의 윈윈전략을 통해 직수입하는 데 이력이 붙었다.

　이들의 그린 비즈니스도 같은 맥락이고 같은 접근이다. 굳이 없는 그린 테크놀로지(GT)를 개발하기 보다는 돈으로 사서 이를 잘 포장해 세계 시장에서 파는 일, 그냥 단순하면서도 시행착오까지 줄이는 그야말로 아랍상인다운 발상이 여기에도 그대로 작동(또는 적용)되고 있음이 끊임없이 목격되고 있다.

집필의 개요와 안내

　따라서 나는 단행본이 요구하는 수준을 위해 모두 여덟 가지로 구분해서 이 책을 기술했다.

　제 1장은 중동 산유국에 부는 그린 머니의 실체를 해부했다.

　제 2장은 그린 쇼크에 취(醉)한 중동산유국의 그린 산업 깊이와 미래에

대하여 고찰했다.

제 3장은 중동 산유국 사이에서 유행처럼 일어나고 있는 그린 시티 조성에 관한 소개로서 이를 여과없이 녹아냈다.

제 4장은 그린머니를 선택한 중동 산유국의 극대화 전략을 규명하기 위해 집중적으로 해부한 한편 보이지 않는 그 속내까지 살펴보았다.

제 5장은 걸프무역협의회(GCC) 권역 6개국의 그린 미래와 함께 자유무역협정(FTA)과의 관계설정을 다루었다.

제 6장은 향후 중동산유국 사이에서 벌어질 그린 비즈니스 역할과 그린머니의 르네상스 주인공이 될 3개의 그린 기업을 소개했다.

제 7장은 중동산유국에서 그린 코리아의 비즈니스 올인 전략, 즉 IT강국 한국이 새롭게 글로벌 그린마켓으로 나아가는 길에 대한 모색이자 방안 제시다.

마지막 8장은 중동산유국에서 통하는 그린 비즈니스에 관한 여러 가지 선택과 집중, 장점과 단점, 기회와 위협, 그리고 녹색 무늬만 가지고 있는 그린 테크놀로지의 비상(飛翔)과 추락(墜落)을 마케터 시각으로 해부하고 동시에 제안했다.

400억 달러에 달하는 UAE 아부다비의 원자력발전소 수주에 즈음하여 다 함께 국가적 국운과 천운을 기대하고 싶다. 경인년 새해의 4,800만 한국인이 한 마음으로 말이다.

2008년 8월 이명박 정부가 '저탄소 녹색성장' 을 제안하면서 추진했던 녹색성장산업으로써의 이번 원자력발전소 수주는 보다 차원이 높은 미래 수종산업으로서 일자리 창출에 크게 기여할 것이 예상된다.

무슨 축복에 속할까. 무슨 이득일까. 무슨 조화일까. 모르기는 몰라도 내가 믿는 신의 섭리(攝理)일 수 있다.

이렇게 무딘 글이지만 네 번째로 잘 다듬고 예쁘게 만들어주신 한국학술정보(주) 채종준 사장님께 이 자리를 빌어서 감사를 드린다.

　끝으로 이 책의 편집과 발행에서 수고를 마다하지 않고 도와주신 출판사업부 김영권 이사님을 비롯하여 강태우 과장님과 김남동 대리님께도 엎드려 큰 절을 드린다.

2010년 2월 17일

임은모

adimo@hanmail.net

PART 1

중동 산유국에 부는 그린머니

1 이유 있는 중동 산유국의 대반격

여기 흥미진진한 '그린 바람'이 있다. 그냥 그린 바람이 아니라 실제로 돈이 되는 녹색성장의 미래 지향적 변화 바람이다.

이제는 그린 바람이 뉴스를 타고 일약 대사건이 되고 있다. 새로운 국가 발전 패러다임으로 확인되고 있기 때문이다.

전 세계를 강타한 글로벌 금융위기를 거치면서 각국의 정치 지도자들이 녹색성장을 선택이 아닌 필수로 여기면서 녹색 바탕이 불기 시작하였으며, 바탕은 국가 성장 동력의 구조적인 변화·변혁의 단초가 되고 있다.

아이러니하게도 그게 뉴욕이나 런던이 아닌 아라비아반도의 산유국(産油國)인 중동 각국에서 벌어지고 있는 점이 더 흥미만점이다. 이것도 현재 진행형으로.

최근 화석연료로 지칭되는 석유와 천연가스에 의해 부국의 반열에 오른

(비록 변변찮은 제조기반이 없다 해도) 중동지역 산유국들이 글로벌 금융 위기를 겪으면서 국가에너지 기조를 오바마 미국 행정부처럼 그린 이코노 미(Green Economic)에 올인하는 모습은 우리 모두에게 신선한 충격으로 다가온다.

실제로 석유 1배럴이나 그에 맞먹는 규모의 지하자원을 더 팔아야 하는 그들 이 앞장서서 탈(脫)석유 경제를 들고 나온 일은 전대미문의 일이 아닐 수 없다. 역 사적 대사건의 다른 표현인 세계적인 화제성 뉴스로서도 아무런 손색이 없다.

코펜하겐 시대에는 '녹색경제세계'가 새로운 경제 질서가 될 것이며 이 는 제 15차 유엔 기후 변화 협약 당사자 회의에서 합의된 내용을 통해 확 인할 수 있다.

이미 국내외 매스컴을 통해 잘 알려진 대로 코펜하겐 합의(Copenhagen Accord) 내용들을 살펴보면 '그린 = 돈'이라는 공식이 2010년을 힘차게 열고 있는 세상에도 적용될 수 있다.

2010년을 힘차게 열고 있는 세계경제 신질서가 이제 '그린 = 돈'이 성립 되는 세상을 맞고 있다는 객관적 사실에서 힘을 얻고 있음과 무관하지 않다.

이 흥미진진함이 결국 전 세계 산업의 패러다임을 바꾸기 시작하면서 대사건으로 발전하고 있음이 우리 모두를 전율시키기 시작한 것이다.

믿기지 않는 중동국가들의 다섯 가지 글로벌 그린 경제 신질서

이러한 사실이 실제상황이라고 한다면 혹자는 믿기 힘든 이야기라고 할 수도 있다.

그러나 이 이야기는 글로벌 그린 이코노미 경제에서 이미 회자된 내용이고 동시에 그렇게 진행되고 있다. 이것은 무엇을 의미할까. 전 세계의 산업 패러다임을 바꾸는 전대미문의 그린 바람은 과연 성공할 수 있을까. 또한 이런 변화의 물결이 사막의 바람처럼 중동시장을 휩쓸고 있는 것은 무엇을 의미할까.

이제 그린은 돈이고 있고 또 돈이 될 수 있다는 사실은 기정사실로 되고 있다.

중동지역 지도자들이 솔선수범하여 그린 이코노미 기반 구축을 우선 순위로 정하는 정책적 결단들이 이제 행동으로 이어지고 있다.

그래서 중동지역 산유국들이 코펜하겐 시대의 요구에 부응하는 데 앞장서는 모습이야말로 아이러니의 극치다. 아니 극치의 진수(眞髓)가 되고 있는데 이를 그린 세계에서는 '중동지역 코펜하겐 신드롬' 이라고 부르고 있다.

예를 들면 도시국가 아부다비가 그렇고 쿠웨이트가 그렇고 이제 중동지역 산유국의 맏형격인 사우디아라비아가 합세해서 목하 글로벌 그린 메가트렌드를 만들어내고 있음이 그렇다.

한마디로 중동지역 경제 전반에 그린 바람이 확대되고 있는 것 자체가 대반격인데 크게 다섯 가지 측면에서 이를 조명할 수 있다.

첫째, 탈(脫)석유 시대의 도래에 대한 불안이다. 화석연료의 고갈은 의심할 바 없다. 지금과 같은 석유시대는 무한이 아니라 유한의 시대인 것이다. 이미 도시국가 바렌인에서는 더 석유가 나오지 않고 있다.

둘째, 화석연료의 수출에만 기대할 수 없다는 경제적 환경을 극복하고자 하는 준비다. 이미 산유국 모임인 석유수출기구(OPEC)와 국제에너지기구(IEA)의 각종 보고서에서는 석유와 천연가스 시대의 마감이 구체화된 것은 물론 동시에 준비에 만전을 기해야 한다는 것을 알 수 있다.

셋째, 화석연료의 고갈로 인한 석유시대 마감을 앉아서 그냥 당할 수 없다는 절박함이 말뿐인 준비에 그치지 않고 실천에 옮기는 데 적극적인 동인(動因)으로 발전했다.

제로카본시티의 첫 운영자인 아부다비 마스다르와 쿠웨이트 실크 시티가 그 대표적인 실천 녹색산업의 현장이다.

넷째, 천문학적인 그린 투자에 거는 중동 산유국의 열정이 남다르다는 것이다. 아부다비 왕세자 모하메드(Crown Prince Mohammed)가 대표적이다.

예컨대 그린머니가 화석연료를 대신하여 국가의 부를 이어줄 아이템으로 부각되자 이를 통해 모든 국민들이 풍요로움을 공유할 수 있다는 기대감에 국가정책에 적극적으로 반영하고 있다.

다섯째, 미래의 희망가를 부르기 위해서다. 이슬람 성전인 모스크에서 흐르는 아잔이 영적 희망가라면 그린머니에 걸었던 희망의 합창곡은 미래 세계에서 받게 될 경제적 축복으로 구분해 이해하기 시작했다는 점이다.

뒷받침된 세 가지 명분론

우리가 잘 알고 있듯이 중동지역은 태생학적으로 제조업과는 거리가 멀다. 원자재가 부족하고 제조기술은 미비한데다가 기술인력마저 부족해 제조원가는 항상 수입가격을 웃돌고 있다. 규모의 경제에서 빈틈을 보인 것이다.

여기다가 한 여름 기온이 섭씨 40도를 오르내리는 기후환경이 제조업 발전에 항상 뒷전으로 내몰고 있다.

또한 중동지역 대부분의 국민들은 이슬람 교리에 충실하다. 의식주 문제는 항상 종교적 규율과 절제의 규정에 따라 이슬람 율법이 요구하는 수준에서 해결한다. 제조업도 그렇게 형성되었기 때문에 아직도 가격 경쟁력 확보와는 거리가 멀다.

지정학적 문제도 제조업 발전을 더디게 하는 요소이다. 자의반타의반, 중동은 세계의 화약고로 지칭되는 지역적 불명예를 지녔다.

찬란한 인류문명의 발상지였던 메소포타미아의 영광은 고대 로마시대의 지배로 들어가면서 실타래처럼 얽혀서 결국 수니파와 시아파로 나누어졌다. 뿐만 아니라 저 평화롭던 유목민의 생활마저 여러 나라로 분리되고 이어지는 과정 속에서 새로운 국경의 질서가 생겨나게 되었다. 오늘날까지도 서구의 지배력의 여진은 계속되고 있다.

마지막은 석유학적 문제다. 그들이 원하든 원하지 않든 석유와 천연가스는 서구세력의 전쟁지역으로 변질시키는 원인제공 구실에 충실했다.

그동안 서구 열강은 중동지역의 석유확보를 위해 이반과 분리를 고르게 이용했었다. 그것도 부족해서 싸움을 붙이고 무기까지 팔았다.

당하기에 앞서 이제는 주인공 모드로

역사는 세월의 흐름에 따라 바뀐다. 사람의 마음도 그와 더불어 바뀌게 마련이다. 인류학적 변화와 진화에 의해 하나뿐인 우리 지구는 산업화때문에 치유가 필요한 중병을 앓게 되었다.

지구온난화 방지와 기후변화 대응, 그리고 온실가스 감축을 외면할 수 없는 시대적 명제를 안아야 되는 그린 이코노미 시대를 맞아 전 세계는

'그린 뉴딜'에 목을 매게 되었다.

지구보존의 명분론과 함께 삶의 질 향상을 위한 일자리 창출이 시급하기에 더 그렇다.

이 두 마리 토끼를 잡아야 하는 그린 뉴딜은 그냥 맨 손으로 되지 않는다. 상응할 인프라 구축과 함께 거액의 투자가 전제되었을 때 그린 뉴딜은 제대로 작동되기 마련이다.

따라서 우리에게는 과거 중동시장의 개념으로 보면 대반격은 있을 수 없는 대사건에 속한다.

최근 화석연료로 부국이 된 중동산유국들은 글로벌 이슈가 된 그린 뉴딜에서 '포스트 석유(Post Petroleum Fuels)를 생각하지 않을 수 없었다. 이제 그들은 석유자본까지 동원시켜 그린머니에 매진하기 시작했다. 이름하여 중동판 그린 올인이다.

하지만 중동 산유국의 이러한 변화와 변신에는 우리가 이해하기 힘든 그 무엇이 있다. 우선 멀리 갈 것 없이 이번 글로벌 금융위기와 두바이월드 채무지불유예의 학습효과에 대한 각오에서 비롯된 경제적 신질서가 이들을 녹색성장 바람으로 내몰고 있다.

결국 중동 산유국의 변화는 대반란이 아니라 미래의 대반격으로 볼 수 있다. 코펜하겐 시대에서 살아남기 위해서는 그린머니를 스스로 지배해야 된다는 각오가 옛날과 다르게 작동하고 있다. 한마디로 미래 준비가 그들의 등을 친 결과다.

벌써부터 중동 산유국들의 전 세계를 향한 대반격의 진군나팔 소리가 크게 들리기 시작했다.

2 Present at the Creation

변수가 많고 불확실성이 높은 세계 경제에서 살아가거나 살아남기 위해서는 특단의 조치가 필요하다. 이는 냉엄한 국제경제가 존재한 이유이기 때문에 이러한 자구책은 필연적 요구인 것이다.

최근 글로벌 그린머니를 선택한 중동 각국들은 어제의 산유국이 아니다. 현실 경제에서 그린 뉴딜의 수요에 대한 각오가 남다르게 작동하는 것을 꿰뚫어 보면서 경제부흥을 위하여 특단의 조치를 정리해 실천력을 보태고 있다.

다시 말해 코펜하겐 합의(Copenhagen Accord) 내용과 대비해 보아도 이들 국가들에 변화는 당연한 변신으로 볼 수 있다.

창조의 현장

미국 해리 트루먼 대통령 정부에서 국무장관까지 지낸 딘 애치슨은 그의 회고록에 '창조의 현장(Present at the Creation)'이라는 의미심장한 제목을 붙였다.

중동 산유국들도 코펜하겐회의에서 합의된 내용대로 새로운 세계 신경제가 통용되는 그린 뉴딜의 창조의 현장에서 주도적 역할을 담당할 수 있는 문턱에 서 있다.

글로벌 금융위기로 세계 경제가 흔들릴 때, 또는 녹색바람이 전 세계적인 안건이 되면서부터 생긴 이슈에 주목한 결과다.

하긴 수많은 관련기업이 녹색기술을 신성장 엔진으로 무장했고 각국 정부 또한 정책적 도입경쟁에 적극적인 것도 같은 맥락이다.

미국 오바마 행정부는 친환경 녹색성장에서 '미국의 희망'을 되찾겠다고 공언을 서슴치 않고 있다.

예컨대 특단의 조치와 자구책이 필요한 중동 산유국에게는 미국과 유럽 등 선진국들이 그린 뉴딜에 임하는 모습에서 그린 희망(Green Hope)을 간파한 것으로 정리할 수 있다.

지구촌 개념에 의해 전 세계는 세계화의 추세로 흐르자 그들이라고 그린 희망의 유혹을 외면할 수 없음이 자명해졌다.

훗날 역사는 이 희망가를 '달콤한 그린 멜로디(Sweet Green Melody)'라고 기록할지 모른다.

실제로 2010년을 힘차게 열고 있는 중동 산유국들은 탈석유 산업다각화를 위해 미래성장산업에 대한 그린 투자에 박차를 가하고 있다.

우리가 잘 알고 있듯이 중동지역 국가들은 그동안 고유가 행진에 힘입어 발전해 왔다. 전반적으로 제조업 부진과 산업화 기반의 취약점 노출을 상쇄하고도 남을 정도였다.

하지만 포스트 오일시대 준비와 장기적 관점에서 미뤄본 신성장 동력확보의 필요성에 따라 이제는 다양한 분야에서 산업적 재건이 현재 진행중이다.

특히 수많은 화력 발전소를 가동해서 온실가스 배출이란 불명예를 안게 된 중동 산유국에게 그린 뉴딜 정책은 지구를 살려낸다는 명분론과 함께 국가적 에너지를 쇄신할 수 있는 일종의 대반격이기에 더 각별한 의미를 갖는다.

과거처럼 오일머니를 단순한 소모성 지출에 사용하기보다는 신재생에너지 개발과 사회간접자본이 투입된 인프라 구축 등 지속적인 부를 창출할 수 있는 산업에다가 집중적으로 투자하는 것이다.

이게 바로 코펜하겐 시대가 요구하는 그린 뉴딜을 향한 중동산유국 현장 초대의 골격이 되고 있다.

중동산유국의 산업화 현장

최근 중동 각국에서 진행되고 있는 산업화는 다음과 같은 특징을 띠고 있다.

첫째, 신도시·도로·철도·항만 등 물류 인프라 구축이다. 도시국가 아부다비에서 제로카본시티의 역사를 쓰고 있는 마스다르를 비롯하여 쿠웨이트 신도시 실크 시티(City of Silk)와 사우디아라비아의 킹 압둘라 경제도시와 같은 대규모 신도시 개발에 막대한 자금을 투자하고 있다. 하나같이 그린이라는 신개념의 도시환경을 메인 콘셉트를 삼아서.

둘째, 신재생에너지 및 관련산업의 육성이다. 화석연료의 고갈에 대비

하여 태양력과 풍력, 그리고 원자력과 탈정유업 등 다양한 신재생에너지 개발에다 우선순위를 삼고 있다.

특히 원유를 이용한 석유화학·비료·의약품과 같은 제조업 육성도 챙기면서 동시에 알루미늄·제철·시멘트산업 등에 집중 투자하고 있다.

산업화 현장의 셋째는 정보기술의 접목이다. 중동 각국들은 최근 서로 경쟁하듯 광통신망 구축을 시작으로 유비쿼터스 시티(U-City) 개념을 뛰어넘어 선진국 수준의 스마트 시티(S-City)를 향한 발전까지 도모하고 있다.

산업화 현장의 마지막 넷째는 교육과 의료산업의 육성이다. 인적자원 개발과 실업해소를 위한 교육 인프라를 대폭 확충하고 의료 클러스터 조성마저 추진하고 있다.

이러한 네 가지 산업화 현장의 변화에서 우리가 읽게 된 메시지는 과거 중동시장이 건설과 소비시장이었다면 미래의 중동시장은 그린 뉴딜의 주역으로서 등극을 기대하는 수준까지 예단되고 있다.

이제 그들은 그동안 비축한 국부(National Wealth)를 통해 이를 불가능에서 가능하게 작동하는 동력으로 삼고 있다. 풍부한 오일머니가 그린머니로 전환시켜 주는 바로미터가 될 수 있다는 강한 믿음이 지금과 같은 변혁의 주인공으로 거듭나게 하고 있다.

3 No Money, No Deal

덴마크 코펜하겐의 제15차 기후변화협약 당사국 총회(CPO15)는 전 세계인의 이목을 집중시켰다.

112개국 정상을 비롯하여 각국 협상단과 환경단체 등 1만 5,000명이 참석해 국제회의 사상 최대의 규모를 기록했다. 한국에서는 이명박 대통령을 포함해 총 104명의 대표단이 참석하기도 했다.

정상이 참석한 112개국은 세계인구 가운데 82%에 이르고 국내총생산(GDP)은 89%에 달한다. 온실가스 배출량도 80%를 넘고 있다.

코펜하겐 기후변화 총회

지난해 12월 7일부터 18일까지 덴마크 코펜하겐에서 열린 기후변화 총회에 참석한 세계 정상들은 지구촌 당면 과제인 지구온난화 방지를 위한 해법을 논의했다.

동시에 지구 평균온도의 상승폭을 2도 이내로 막을 방안을 찾는 자리이기도 했다. 지구 온난화를 막기 위해 세계 각국이 온실가스를 얼마나 줄일지를 논의하는 회의로도 기록되었다.

세계 각국은 온실가스 배출량을 줄여야 한다는 데는 모두 동의했다. 하지만 선진국과 개발도상국 사이의 이견 차이로 온실가스 감축목표 제시는 미뤄졌다. 감축원칙 합의를 이루어냈지만 말이다. 결론은 오는 12월 멕시코에서 열리는 회의에서 나올 것이 예단된다.

다만, 이번 합의문에서는 크게 네 가지를 담아냈다.

첫째, 지구 온도가 산업혁명 이전보다 2도 이상 오르지 않도록 억제한다.

둘째, 각국이 2010년 1월 31일까지 온실가스 감축목표를 제시해야 한다.

셋째, 선진국은 개발도상국에 매년 100억~1,000억 달러를 지원한다.

넷째, 삼림파괴를 막기 위해 적극적으로 행동한다.

그러나 각국이 구속력이 있는 온실가스 감축량 목표를 설정하는 데는 실패했다. 그래서 '반쪽짜리 성공'이라는 혹평과 함께 2010년 기후변화 협약을 위한 '희망의 불씨를 살렸다.'라는 평가도 동시에 나왔다.

라젠드라 파차우리 유엔 기후변화위원회(IPCC) 위원장은 "코펜하겐 합의문은 시작에 불과하다."라면서 "법적 구속력이 있는 안을 각국이 서둘러 마련해야 한다.”라고 촉구했다.

지구를 살려 주세요!

전 세계인의 이목을 집중시킨 COP15은 환경재앙이 없는 세상에서 자랄 수 있게 해달라는 어린이의 간절한 호소가 담긴 동영상 상영으로 시작했다.

한 소녀가 살던 집과 푸른 잔디가 깔려 있던 놀이터가 한 순간 황무지로 변했다. 이어 홍수와 폭풍이 몰려오자 소녀는 겁에 질린 목소리로 “제발 세계를 구해주세요.”라고 호소한다. 라르스 뢰케 라스무센 덴마크 총리의 개막연설에 앞서 단상에 오른 덴마크 합창단이 지구를 살려달라는 애절한 노래를 각국 협상단에게 들려주자 이 노래를 들은 참석자들이 심각하게 받아들였다.

역시 COP15는 돈

드넓은 본회의장 단상에서 벌어진 식중행사가 위와 같이 진행되었다고 해도 선진국들은 개도국에 대한 지원금 규모에서는 확연한 입장 차이를 보였다.

다행스럽게도 이번 합의에는 숲을 비롯해 기후방지에 중요한 역할을 할 수 있는 토양과 습지 같은 자연지형을 보전하는 개도국에 선진국이 돈으로 보상해 주는 방안에 의견접근을 이루어냈다.

이러한 개도국의 기후변화 대응 노력을 지원하기 위해 2012년까지 300억 달러를 지원하기로 합의했다.

또 선진국은 오는 2020년까지 연간 1,000억 달러의 '코펜하겐 그린 플래닛 펀드'를 공동조성해서 아프리카와 섬나라 등을 우선 지원키로 했다.

역시 관건은 돈이었다. 회의장 참석자들 사이에서 공공연하게 '노 머니, 노 딜(No Money, No Deal)', 즉 돈이 없이는 협상 타결도 없다고 판단하였다.

결론부터 말하면 지원금 규모에 대한 의견 차이는 선진국과 개도국 사이에 존재한 현안문제를 해결해야만 조율될 수 있다.

특히 이번 코펜하겐 합의문 도출을 지켜본 중동지역 산유국들은 이 해결의 열쇠에 동참하면서도 다른 한편으로는 담당할 돈만큼 향후 그린 뉴딜에서 벌어드릴 돈과의 함수관계와 이해득실 계산에 더 무게를 두기 시작했다.

Arab Countries Make Stand for Cuts

중동지역 언론매체들은 코펜하겐 합의문 도출에 관해 이렇게 보도하고 있다.

'아랍국가들은 날을 세우다.'

2009년 12월 20일 자 〈걸프 뉴스〉에 따르면 온실가스 감축 비용을 부담하는 선진국과 필요로 하는 개도국의 차이에서 그들의 설 자리가 이제 정해지고 있음을 전했다.

이번 회의에서 선진국은 2020년까지 온실가스를 1990년 수준 대비 16~23% 줄이겠다고 한 반면 개도국은 선진국 감축치를 약 40%까지 늘릴 것을 주장하며 맞섰다.

이번 합의문에서 선진국은 자발적 온실가스 감축국인 개발국도 2년 마다 감축량을 유엔에 보고하도록 하고, 선진국이 요구하는 투명성 확보를 위해 국제적 확인 절차를 밟도록 했다. 실제로 선진국(의무 감축국)과 개도국(자발 감축국)의 감축 목표 제시 시한은 2010년 1월 31일로 미루어졌다. 법적인 구속력 부여 시점은 올해 12월 멕시코시티에서 열릴 차기 총회로 공이 넘어간 셈이다.

결국 기후변화 대응의 해결 열쇠는 선진국 주머니에서 나올 수밖에 없는 분담금과 투자 자본에서 그 성과가 판가름날 것이 자명해졌다.

4 Green is Green

중동지역에서 벌어지고 있는 그린 뉴딜의 의미는 분담금 규모를 비롯하여 온실가스 감축 목표치 달성과 그린 테크놀로지 구축 등 다양하다.

각국 정상은 단 하나뿐인 지구를 구해달라는 코펜하겐총회의 한 소녀의 절규(絕叫)를 무시하거나 외면할 수 없기 때문에 세계 환경질서에 기꺼이 동참하는 것을 기본적 정책으로 간주하면서 다른 한편으로는 미래 준비를 시작하였다.

하지만 분담금 문제에 이르러서는 중동 산유국마다 규모와 운영방식에서 한목소리를 내지 못하고 있으며 낼 수도 없는 상황이다.

그러나 접근방식에서는 한 가지 마음으로 이해하고 있다. 그린 뉴딜에 관한 한 중동지역에서 모범답안을 내놓고 있는 제네랄 일렉트로닉스(GE ; General Electronics)의 선택과 집중에서 얻은 학습효과를 배제할 수 없기 때문이다.

일찍이 제프리 이멜트 GE 회장이 최근 세계 각국에 불고 있는 '그린 열풍'을 돈이라는 한마디로 정의했고 중동 지도자들은 이를 잘 알고 있다.

이멜트 회장이 전달하고자 하는 메시지는 단 하나 '그린 뉴딜을 통한 기회'이며 이는 경제, 돈과 연관된다.

최근 중동국가 사이에 기후변화와 자원위기가 현실적 현안으로 떠오르면서 '녹색성장'의 미래와 기대가 남다르다.

산업혁명 이후 우리 생활의 패러다임을 획기적으로 바꿀 새로운 경제질서인 제5의 물결이 그들에게서 기회라는 믿음으로 발전하고 있다. 이미 세계 각국은 이 기회를 잡기 위해 치열한 경쟁구도에 돌입하였다.

글로벌 금융위기 이후 선진국인 미국과 유럽연합과 일본 등은 이 녹색 패러다임에서 패권(覇權)을 차지하기 위해 국력을 집중시키고 있다.

녹색성장이 국가성장 미래를 결정하게 될 중요한 변수가 된 것이다. 한마디로 '녹색성장 + 녹색기술'이 돈을 버는 시대가 도래한 셈이다.

GE의 제프리 이멜트 회장이 'Green is Green'이라고 말한 것은 바로 이런 현상을 두고 한 코멘트일 수 있다.

앞의 그린이 환경이라면 뒤의 그린은 달러와 녹색, 즉 돈을 의미하고 있다는 점이 이들의 등을 친 것이다.

이러한 개념적 기반의 코펜하겐 합의문 내용을 읽어낸 중동 산유국 지도자들은 이 패러다임 변화를 따라잡지 못하면 또다시 세계 속에서 뒤처지게 된다는 것을 직시한 것이다. GE가 반면교사로서 한 수 가르치고 있음도 함께 기억한 것이다. 아니 선택과 집중이 절실하게 필요함을 깨닫게 된 것이다.

이제 중동 산유국들은 환경을 보호의 차원이 아니라 투자의 대상이자 '새로운 국부펀드의 운용처'로 인식한 것이다.

중동의 태양열 발전소에 올인한 세계은행

옛날부터 중동지역은 태양열을 활용할 수 있다는 장점을 가지고 있다. 이를 직시한 세계은행은 최근 태양열 이용을 활성화시키고자 발전소 건설에 적극적으로 나서고 있다.

세계은행은 55억 달러에 달하는 투자를 확정하고 중동지역 국가에서 시행 중인 태양열발전소 건축을 통해 친환경 에너지 비즈니스를 진행하고 있다.

파이낸셜 타임스(FT)에 따르면 요르단·알제리·이집트·투니스 국가들에게 11개의 태양열 발전소가 건설될 계획이며 먼저 7억 5,000만 달러에 달하는 금액을 향후 5년 안에 투자한다고 밝혔다.

이는 세계은행이 깨끗한 에너지를 위한 펀드 재정(財政)으로 친환경에너지 획득을 적극 지원해 온실가스 감축을 목표로 삼고 있다.

현재까지 준비된 재정액은 48억 5,000만 달러로 실제 활용할 수 있는 태양열 발전소 가치는 지금의 3배가 넘을 것으로 분석하고 있다.

또한 세계은행은 태양열을 이용해 친환경 에너지 획득을 지원할 뿐 아니라 신재생에너지 산업 전반에 걸쳐 많은 투자를 준비하고 있다.

예를 들면 지열과 바이오매스, 수력과 태양열을 이용한 에너지 공급을 통해 발전소 건축에 기여함으로써 온실가스 주범인 석탄가스 감소에도 지속적인 노력을 기울이고 있다.

　이미 중동지역의 풍부한 태양열을 이용할 데저텍(DESERTEC) 프로젝트에 간여하고 있다. 소요경비 일부인 4,000억 유로를 투자해 유럽 전력 소비량의 15%를 충당할 것으로 예측해 놓고 있다.

탄소배출권 시장의 급팽창

　코펜하겐 시대에서의 그린이 되는 큰 아이템은 탄소배출권 시장의 규모에 따른 수익이다. 영국 런던 기후거래소(ECX)에서 거래되는 시장 규모는 1,000억 유로를 넘어섰고 거래도 활발하게 진행되고 있다.

　탄소배출권 가격이 지금처럼 톤당 20유로가 형성되고 30유로에 이르면 탄소저감기술 개발에 관련기업의 적극적인 참여와 투자가 러시를 이룰 것이라고 예상하고 있다.

　GE의 제프리 이멜트 회장의 멘트대로 'Green is Green'의 의미는 이제 중동 산유국에게는 하나의 바이블로 대접받고 있다.

5 OPEC + Aramco + 관악캠퍼스

혹자는 중동 산유국에 부는 그린 바람에 대해서 긍정보다는 부정으로 보는 시각이 많다. 해외 플랜트 바람이거나 원자력발전 바람이면 몰라도 기후변화 대응의 그린 바람이라니 어불성설일 수 있다. 태생적으로 석유를 태워서 발전량을 충당하는 그들이 지구온난화 방지에 얼마나 기여할 수 있을까.

다른 혹자는 지난해 미국에서 열린 G8 정상회의에서 아랍정장으로 차려입은 사우디아라비아 압둘라 빈 압둘 아지즈(Abdullah Bin Abdul Aziz) 국왕을 통해 다른 이해의 폭을 넓히지나 않았을까.

또 다른 혹자는 화석연료인 석유와 천연가스를 팔아 펑펑 쓰는 소비국가로 인지했던 과거의 이미지를 버리지 못하고 아직 졸부(猝富)의 편견으로 보는 것에 익숙해서 이를 믿기나 하겠는가.

이 세 부류의 판단과 이해에는 각기 다른 기준이 존재한다. 다른 일정분의 판단도 추가할 수도 있다.

하지만 최근 중동산유국에 부는 그린 바람의 실상을 재대로 접할 수 있는 사건은 정유화학산업을 고부가가치산업으로 발전시켜 미래를 착실하게 준비하는 올인 모드는 긍극적인 평가를 받고 있다.

이제 그들은 치열하고 계획성 있게 미래를 준비하는 과정으로 그린을 주목하고 있다. 이것이 바로 가감 없는 현실이자 실상이다.

특히 세계 제1의 산유국 사우디아라비아마저 그린 뉴딜을 준비하기 시작했다. 석유를 통한 펀더멘탈(fundamental)이 이를 뒷받침할 수 있음에서 비롯된다.

OPEC의 거취

글로벌 금융위기를 겪으면서 산유국들은 원유생산을 줄이는 추세이다. 그러나 시간이 흐르고 불경기 여파가 일정한 진정국면을 맞고 있는 올해부터는 석유수출기구(OPEC) 일부 회원국들은 석유생산을 늘리기 시작했다.

지난해 11월 17일 월스트리트저널(WSJ)은 2010년 연초부터 원유 생산량을 100만 배럴 정도 증산할 것이라고 보도했다. 이미 사우디아라비아는 1,250만 배럴까지 늘린다고 발표했고 카타르도 그동안 잠정 중단했던 알 샤힌 정유공장 프로젝트를 본격적으로 가동시켜 110만 배럴 수준으로 끌어올린다고 고시했다.

세계 경기 회복세에 따라 공급을 늘려 수요를 채우겠다는 데 동조한 것으로 풀이되지만 올해 연초 1배럴당 70~80달러 유가는 2011년에 이르면 100달러 선까지 급등할 것으로 전망한 오일 가격에 기대를 걸고 있다. 이것 역시 우리의 희망사항이 아니지만 말이다.

알리 이브라힘 알 나이미 특강 요지

"최근 유가가 오르는 것은 달러 약세로 인해 투기자금이 상품시장으로 몰리기 때문이다."

2008년 5월 15일에 서울대학교에서 '세계 석유시장의 분석과 전망'이라는 제목의 트징이 있었다. 연사는 '세계 에너지의 그린스펀'으로 불리는 알리 아브라힘 알 나이(All Naimi) 사우디아라비아 석유장관이었다.

올해로 13년째 사우디아라비아 석유장관을 겸임하고 있는 알 나이미 회장은 "국제 유가의 고공행진 이유는 수급(需給)이 맞지 않아서가 아니라 국제 금융시장의 탓이다"라고 반박했다.

그는 다음날 이장무 서울대학 총장과의 대담 스케줄이 잡혀 있었고 18일 출국 예정이었다. 그러나 15일 저녁 모든 일정을 취소한 채 전용 비행기를 타고 본국으로 날아갔다. 압둘라 국왕에게서 빨리 돌아오라는 연락이 왔기 때문이다.

그는 다음날 압둘라 국왕과 함께 조지 부시(George. W. Bush) 미국 대통령을 맞았다. 부시 대통령은 이 자리에서 천정부지로 치솟는 국제유가를 잡기 위해 석유 생산량을 늘려달라고 요청했다. 하지만 알 나이미 장관은 서울대학교 국제대학원 특강에서의 논리를 되풀이했을 뿐이다.

칼리드 알팔리 아람코 총재 특강

시간은 다시 1년 6개월이 흘러 2009년 1월 2일.

서울대학교 국제대학원에서 칼리드 알팔리 아람코 총재의 특강이 있었다. 알 나이미 회장의 키는 160cm에 단단한 체구였는데 이번에 방한한 알팔리 총재는 큰 키에 사람 좋은 신사였다.

"물적 자원보다 중요한 것은 인적 자원"이며 "우리 젊은이들은 궁극적인 신재생에너지라고 할 수 있다." 라고 강조했다.

그날 오후 알팔리 총재는 서울 그랜드 하얏트 호텔에서 가진 기자 간담회 자리에서 "사우디아라비아에서는 앞으로 나올 플랜트 건설 규모는 1,000억 달러가 넘을 것이다." 라면서 "한국기업들은 입찰에 참여할 수 있는 충분한 자격을 갖고 있다." 고 말했다.

또한 그는 최근 발생한 두바이쇼크와 관련해 "사우디아라비아는 금융과 부동산 시장이 탄탄해 거의 영향을 받지 않았다." 면서 "두바이도 신중하게 해결방법을 모색하고 있어 파장이 확산되지 않을 것이다." 라고 진단했다.

그린 도시를 지향하고 있는 킹 압둘라 경제도시

사우디아라비아를 대표하는 항구도시 제다에서 북쪽으로 100km 떨어진 해변에 새로 세워지고 있는 킹 압둘라 경제도시.

홍해연안에 위치한 이 신도시는 267억 달러를 투자해 지난 2005년 12월 착공했으며 그린의 옷을 입힌 대도시로서의 윤곽을 서서히 드러내고 있다.

이 도시 미래는 벌써부터 홍해를 누비는 호화 요트와 함께 대형 컨테이너가 야적될 모습으로 '포스트 오일' 시대를 준비하는 홍보물 콘셉트로 잡고 있다.

이는 코펜하겐 시대가 제시한 내용에서 그린의 미래를 준비하지 않으면 중동지역 맹주로서 지위와 의미가 퇴색될 수밖에 없다는 판단에 의한 미래준비가 아닐 수 없다.

제1장에서는 중동 산유국에 부는 그린머니의 열풍을 다섯 가지 아이템으로 구분해 살펴보았다.

하나같이 지금까지 우리가 생각했거나 평소 갖고 있었던 중동지역 이미지에서 느낀 단상과는 판이한 모습이자 동시에 각별한 변신의 내용이 된다.

다음 장에서 다룰 '그린 쇼크에 취(醉)한 중동국가 그린 산업'을 대하면 저절로 머리가 숙여질 것이다.

PART **2** | 그린 쇼크에 취한 중동국가의 그린 산업

1

Arab Countries Make Stand for Cuts

인류의 번영과 미래는 세계가 직면하고 있는 에너지 부문의 중요한 두 가지 문제를 어떻게 다루느냐에 달려 있다.

하나는 합리적인 가격으로 에너지를 안정적으로 공급 및 확보하는 것이고 다른 하나는 에너지 기반을 효율적으로 저탄소로 전환하는 것이다.

여기서 에너지는 중동지역하면 맨 처음에 연상되는 이미지의 연장일 것이고 동시에 저탄소 에너지의 효율적인 이행은 곧 기후변하 대응으로 구분할 수 있을 것이다.

이 두 가지 개념은 이번 코펜하겐 합의문과 일맥상통한다. 물론 지구온난화 방지와 온실가스 감축을 위한 세계적인 기후 어젠다로서 가치와 의미를 부여해도 그 개념은 오십보백보이다.

하지만 지역과 시각을 조금 바꾸어보면 다른 주장과 해석의 조우가 생기기 마련이다. 예를 들면 덴마크 코펜하겐총회(CPO15)가 열리는 13일 동안 여러 지역과 여러 나라의 언론매체는 많은 논의를 활발하게 개진했다.

그린 쇼크에 취한 중동국가들도 예외가 아니었다. 특히 UAE의 대표적인 신문매체인 〈더 내셔널(The National)〉은 하루도 거르지 않고 코펜하겐총회 회의 내용을 다루고 있었다.

글로벌 금융위기를 겪으면서 생긴 보호무역주의가 자유무역주의를 대신해 자국의 이익개정부터 챙기는 분위기라고 이해해도 이들의 주장에는 자기 목소리가 크게 실리기 마련이다.

크리스 스탠톤(Chris Stanton) 기자의 논조는 팩트라는 관점으로 코펜하겐총회에 벌어지고 있는 논의를 객관화하면서 일응 중동지역 정서가 담긴 기사를 내보내고 있었다.

제2장 1항의 첫 메시지인 '아랍 국가들은 날을 세우다(Arab Countries Make Stand for Cuts — 2009. 12. 18일자)'에서 그렇게 개진해서 말이다.

파야드 박사(Dr. Fayad) 코멘트

중동지역 기후전문가 피야드 박사의 견해임을 전제해 크리스 스탠톤 기자는 실명기사로 이렇게 정리하고 있었다.

결론부터 얘기하자면 "아랍국가들은 어느 정도가 석유소비 억제 정책에 의해 영향을 받고 있음을 알고 있다." 라면서 "온실가스 감축에서 선진국 의무 할당제는 엄격하게 규정해야 한다."라는 요지다.

덧붙여서 "그 이유로서는 아랍국가들은 걸프협력위원회(GCC)의 경제 범위에서 기후변화 문제를 파악하고 또 준수하는 것이 기본적 대응책이 되고 있다"고 결론을 지었다.

다시 언급하자면 중동 산유국은 기후변화 대응을 세계가 직면하고 있는 두 가지 에너지 문제를 어떻게 다루느냐에 달려 있다는 원칙론을 사실화 시킨 셈이다.

바로 이 대목에서 우리는 그린 쇼크에 취한 중동국가 그린 산업의 미래를 가늠케 하는 길라잡이로서 이해의 폭을 넓혀주고 있다.

Nuclear Power Firm Begins New Age for UAE

같은 신문매체, 같은 기자는 코펜하겐총회 코멘트에 이어 그해 성탄전 일 '원자력 시대를 시작하고 있는 UAE(Nuclear power firm beings new age for UAE)' 에서 그린 산업의 현주소를 기사화했다.

날짜별로 세분화시켜 보면 아부다비발 400억 달러 규모의 원전 성공 수 주 직전의 코멘트이니 다른 오해가 없기를 바란다.

앞의 기사는 중동산유국 그린 산업의 미래였다면 이번 기사는 중동산유 국 그린 산업의 현주소를 설명하는 것으로 구분해도 의미는 똑같다.

우선 요르단에서 성공시킨 연구용 원자로 건설에 이어 향후 14기 상업 용 원자력발소 건설에 임하고 있는 UAE에 대한 코멘트를 담고 있었기 때 문이다.

이 기자는 아부다비 정부의 UAE원자력 전력공사(ENEC; Emirates Nuclear Energy Corporation) 관계자의 말을 빌려서 목하 진행 중인 원자력발전소 발주 현황을 자세하게 소개하는 과정에서 한국의 참여(A Group of South Korean firms led by Korea Electric Power Company)에 관한 부분도 빼놓지 않고 있었다.

다만, 나는 단행본이 갖추어야 되는 기본적 형태를 유지해야 하기 때문에 이 부분에 관해서는 제5장 GCC+FTA에서 자세하게 기술할 것이다.

그렇다고 원자력 발전소는 1기가 고장이 날 경우에 대비해 2기 단위로 발주를 한다라든가 원전 2기 수출은 쏘나타 32만 대 수출과 30만 톤급 유조선 40척 수주와 맞먹는다든가 국제원자력기구(IAEA)는 향후 전 세계에서 2030년까지 최소 300기에서 최대 500기까지 원자력발전소 건설이 예상되고 있다는 등의 소식을 전하자는 것이 아니다.

최근 화석연료 수출로 부국이 된 중동 산유국이 코펜하겐 시대를 맞아 새롭게 변신을 서두르는 국가기조 변화의 모습과 그들의 지향점을 소개해서 여기에 따른 우리의 이익계정(利益計定), 이를테면 피나는 글로벌 경쟁 시대에서 과연 글로벌 녹색성장(GGGG ; Go Global Green Growth)의 과실금을 따내는 수준의 책이 되는 일에 그 이상도 그 이하도 아니다. 물론 한국은 출발은 늦었지만 틈새시장 개념으로 파고들면 승산이 없는 것도 아니다. 이미 우리는 IT산업에서 그 성공의 열쇠를 맛보았다.

따라서 국내외에서 크게 회자된 요르단 연구용 원자로 수주에 관한 얘기로 넘어가 보자.

2 원자력 르네상스의 불을 지피는 요르단

지난해 경제협력개발기구(OECD)는 세계 에너지 수요가 2030년에는 2004년의 1.5배로 늘어난다고 발표했다.

이렇게 증가하는 에너지 수요를 상당부분 원자력이 충당할것 같다. 최근 OECD는 세계 원자력발전 용량이 2030년이 되면 2005년보다 1.4배 증가할 것으로 수정 발표하고 있다.

실제로 미국은 2030년까지 원자력 시설용량을 지금의 9.85GW(1GW는 10억 W)에서 109GW로 늘린다는 계획을 실행 중이며, 중국도 7.6GW에서 무려 39GW로 늘린다는 야심찬 계획을 추진하고 있다. 또한 원전을 아직 보유하지 못한 터키와 인도네시아, 카자흐스탄과 이집트 등도 원전 보유국으로 향하는 행렬에 가담하고 있다.

중동 산유국인 UAE를 비롯하여 요르단 등이 이 원자력 발전소 건설에 매우 적극적이다.

바야흐로 원자력 르네상스의 불을 지피는 곳이 바로 중국 산유국이자 동시에 그린 쇼크에 취한 중동지역 국가에 불고 있는 그린 뉴딜의 현주소가 되고 있다.

새로운 역사를 쓰고 있는 한국 원자력

사막의 붉은 문명이라고 불리는 요르단은 해가 다르게 늘어나는 전력수요를 감당하지 못하자 온실가스 발생률이 가장 적고 친환경 에너지인 원자력발전소 전 단계인 연구용 원자로 발주를 서두르고 있었다. 지난해 12월 요르단 정부가 발주한 5MW급 연구용 원자로 입찰에서 한국을 선정했다. 한국원자력연구원과 대우건설이 주축을 이룬 컨소시엄이 우선 협상대상자로 선정된 것이다.

원자력을 도입한 지 50년, 원자력 발전을 시작한 지 30년 만에 그린 뉴딜 사업의 성공신화가 되었다.

최종 계약 과정이 남아있지만 설계에서부터 건설까지 전 과정을 100% 우리 기술이 책임지게 된다.

해외 원자력 시장 참여는 과거 해외 수출 경험이 있느냐 없느냐가 중요한 기준이 된다. 그런 점에서 요르단 연구 원자로 수주는 한국이 본격적으로 세계 원자력 시장에 진입할 수 있는 물꼬를 트는 셈이다.

요르단이 입찰에 붙인 연구용 원자로는 핵분열 때 나오는 중성자를 활용해 암 치료용 동위원소를 생산하고 재료공학 등 기초연구에 활용되는 원자로이다. 전기만 생산하는 상용 원전보다 사업 규모는 작지만 향후 수십 년 안에 50여 기의 연구용 원자로가 국제입찰에 나올 것이 예상되며, 액수로는 10조～20조 원에 이른다.

요르단 연구용 원자로 사업은 압둘라 국왕이 야심차게 추진하고 있는 원자력발전소 건설 계획과 밀접하게 연관되어 있다.

압둘라 국왕은 2008년 12월 한국을 국빈 방문해 이명박 대통령과 정상회담을 했다. 당시 양국 정상은 원전·담수·대수로 사업 등 요르단이 추진하고 있던 3대 대형 국책사업을 양측이 전략적 파트너로서 협력하기로 하고 양해각서에 서명을 하였다.

따라서 이번 요르단에 수출되는 원자력 시스템은 한국이 이제 세계 원자력 시장에 새로운 강자로 등장한 것을 의미한다.

우선 한국 원자력 브랜드 가치를 획기적으로 제고하는 전기를 마련하게 되었고 미국 일본 프랑스 등 일부 선진국만 점유해 온 세계 원자력 시장에서 다크 호스로서 발전을 기대하게 되었다.

특히 한국은 중동지역에서 야심차게 추진 중인 원자력발전소 계획에 동참의 기회를 동시에 얻게 되었다.

원자로 수출 의미

이번 요르단에서 수주를 받은 연구용 원자로는 향후 상업용 원전 수출에도 긍정적인 역할을 담당할 것이 분명하다.

지금까지 한국은 원전 세계 6대 강국이라고 하면서도 해외에 나가기만 하면 기가 죽었다. 연구용 원자로가 한국에서 개발되는지조차 제대로 알려지지 않았기 때문이다. 브랜드 파워가 매우 약했던 것인데, 실제로 해외 수출 실적이 없는 것이 이번 요르단 우선 협상자 선정 막바지까지 발목을 잡았다. 그러나 한국의 반세기 원자력 기술의 노하우가 버팀목이 되었다. 연구용 원자로 개발을 담당한 한국원자력연구원은 대형 원전뿐만 아니라 중소형 원자로까지 독자적으로 설계하고 개발한 경험이 있다.

그동안 국내 원자력 발전소 운영 경험에 의해 다양한 원자로의 설계 경험과 운전 경험은 요르단 정부가 주목한 결과이다.

에너지 위기 속에서 세계는 지금 원자력발전 붐

원자력이 에너지 위기의 대안으로 떠오르면서 코펜하겐 시대를 준비하는 차원에서 원자력 발전소 건설이 새로운 르네상스 시대를 구가하게 되었다.

예를 들면 이탈리아는 원전을 폐기한 뒤 전 가장 많은 전력을 수입한 나라가 되었는데 최근 다시 원전을 도입하는 쪽으로 돌아섰다.

그동안 원전도입에 반대 입장이 강했던 호주와 남아프리카공화국에서

도 최근 원전도입에 대한 논쟁이 다시 시작되었다.

이러한 흐름과 유일하게 반대로 가던 독일에서도 다른 움직임이 나타나고 있다. 이미 19기의 원전을 폐쇄한 독일은 지금 가동 중인 17기의 원전도 폐쇄할 방침이었다.

하지만 최근 취임한 메르켈 총리는 원전폐기 방침을 재검토하겠다는 입장을 밝히고 있다. 저렴하고 깨끗한 에너지에 대한 수요가 원자력에 대한 부정적인 시각을 밀어내고 있는 것이다. 처음부터 독일을 벤치마킹한 나라가 바로 요르단이라는 점에서 원자력 르네상스는 사막의 붉은 문명국가에서 시작되고 있는지 모른다.

세계 원전시장 현황은?

요즈음 세계 원자력발전 시장을 휩쓸고 있는 미국과 프랑스 업체는 하나같이 일본 기업과 관계가 밀접하다.

미국 웨스팅하우스의 주인은 일본 도시바(東芝) 그룹이다. 히타치(日立)는 미국 GE와 관계가 깊고 또한 미쓰비스(三菱)는 프랑스 아레바와 제휴해서 각종 원전 수준에 임하고 있다.

이처럼 일본은 원자력 운영과 기술을 비롯해 재처리 능력까지 두루 갖추었지만 원전의 독자적인 수출에는 태생적으로 한계를 지니고 있다. 이를 해결하게 위해 일본 기업은 해외 원자력 회사를 사들이거나 전략적 제휴에 힘써왔다.

통상 원전은 핵무기와 기술적으로 밀접하게 관련되어 있기 때문에 원천 기술을 제대로 갖춘 나라가 많지 않고 기술의 공개나 이전도 거의 없는 실정이다.

주요 선진국 기업이 세계 원전 시장을 두고 각축전을 치르는 것도 이 때문이다. 하지만 이번 요르단에서 수주를 받게 될 연구용 원자로는 한국이 완전히 독자 개발한 프로젝트다. 핵심설계 코드도 한국원자력연구원에서 개발했다. 외국에 주는 기술료가 전혀 없다는 데 의미가 있다. 동시에 그린 쇼크에 취한 중동국가 요르단에 이어 UAE에서 상업용 원전 4기 수주는 건국 이래 최대의 승전보(勝戰譜)이기 때문에 그 의미는 각별하다.

요르단 신재생에너지 시장 확대

중동국가에서 한국 원전산업의 물꼬를 터준 요르단 정부는 길수록 심각한 전력 수요를 충족시키기 위해 원자력발전소 건설에 박차를 가하고 있다.

요르단 에너지 광물자원부의 지야드 지브릴(Mr, Ziyad Jibril) 재생에너지 국장에 따르면 요르단 정부의 에너지 정책 방향을 크게 세 가지로 구분하고 있다.

첫째, 에너지 공급의 안정 정책 유지이고, 둘째, 국내 에너지 자원비중 확대이며, 셋째, 화석연료 의존의 감축이다.

이를 위해 요르단 정부는 네 가지 실천전략을 제시해서 실천하고 있다.

하나, 신재생에너지 개발을 위한 연구 활동을 강화시키는 일이다.

둘, 각종 에너지 효율 증대정책을 제시하고 있다.

셋, 석유나 천연가스 생산이 없는 요르단은 대신 오일 셰일(Oil Shale : 암반유) 매장량이 세계 3위 보유국으로 알려지면서 개발에 따른 기술력 강화에 나서는 일이다.

넷, 원자력 발전의 상용화로의 매진이다.

요르단의 원자력발전은 중동국가에 일파만파로 확대되고 있고, 원자력 발전이 선택사항이 아닌 필수사항이라는 인식이 모든 국가로 확대되고 있다.

3 바람난 사우디아라비아의 그린 산업

'OPEC (석유수출국기구)' vs 'IEA (국제에너지기구)'

너나없이 잘 알고 있는 국제기구의 이름들이다. 지난 2008년 7월 석유 1배럴당 147달러라는 고유가시대를 경험한 우리에게는 더 낯익은 국제기구 이기도 하다.

산유국 모임인 OPEC의 석유공급 삭감에 대항하기 위하여 만든 IEA는 주요 석유 소비국의 모임인데 OECD산하에 있다.

OPEC하면 세계 제1의 산유국 사우디아라비아(경우에 따라서는 사우디로 표기함)를 맨 먼저 떠올리기 마련이다. 사우디아라비아는 올해 들어 하루 1,200만 배럴의 석유를 생산하고 있다. 2위 이라크의 272만 배럴과 단순 비교해도 4.5배나 더 많다.

최근 들어 사우디아라비아는 OPEC의 지위와 부에 만족하지 않고 IEA

까지 넘겨보더니 코펜하겐시대를 맞아 원자력 발전소 건설에 이르는 국제원자력기구(IAEA)까지 안테나를 높이는 일이 다반사로 이루어지고 있다.

이와 같은 사우디아라비아의 행보는 바람난 군주의 발걸음으로 내비쳤다고 볼 수 있지만 속내를 들춰보면 일응 국가 에너지 정책변화에 관한 정책과의 회우를 제공하고 있다.

녹색성장에도 강한 사우디아라비아

우리에게 잘 알려진 대로 사우디아라비아는 세계 최대 오일생산 및 공급국인 관계로 신재생에너지 개발에는 소극적이었다.

하지만 전 세계가 단 하나뿐인 지구를 건강하게 살찌워 우리 후손에게 물려주자는 데 동의하면서부터 그린 에너지 정책의 수정이 불가피해졌다.

예를 들면 킹 압둘라 과학기술대학(KAUST) 캠퍼스에 연구용 목적으로 1MW 용량의 태양광 발전소를 건설하기 시작한 점이 그렇다.

또한 지난해 7월 사우디 국영석유회사(ARAMCO)는 일본의 태양광 발전업체와 테스트용 발전 설계와 발전 건설을 위한 MOU를 체결하기도 했다.

실제로 사우디에는 태양광 발전의 기본 소재(素材)가 되는 규소가 풍부하고 연중 태양빛이 강하게 내려 쬔다. 더 깊게는 풍부한 오일머니를 기반해 그린 머니를 선택할 수 있는 경제적 여건이 충분하다.

이미 GCC 권역의 UAE와 쿠웨이트가 원자력 발전소 건설에 대한 국제 원자력기구(IAEA)의 승인까지 얻어낸 마당에 사우디아라비아로서는 보고만 있을 수 없는 노릇이 아닐 터다.

석유빈국 요르단마저 북부 이르비드에 한국을 파트너로 삼아서 5MW급 연구용 원자로 건설을 가시화시켰고 자국 사우디의 지근거리에 위치한 요르단 남부에는 원자력 발전소 예정지를 정해놓고 있음을 그들은 너무나 잘 알고 있다.

특히 미투(Me Too)에 강한 중동산유국의 발전 로드맵을 들쳐보면 막강한 자금력을 바탕으로 선수를 치고 나온 일은 거의 기정사실로 보아도 된다.

이제 글로벌 산업의 패러다임을 바꾸고 있는 그린 뉴딜의 변화는 세계 석유생산 제1의 사우디아라비아에서 르네상스로 거듭날 것이 하나도 이상하지 않을 것이다.

킹 압둘라 경제도시(King Abdullah Economic City)와 지잔 경제도시(Jizan Economic City)를 그린 시티로

'과거가 아닌 미래를 지향하는 도시에 오신 것을 환영합니다.'

2007년 3월 1일 사우디아라비아의 홍해 바다쪽 항구도시 제다에서 열린 한 경제포럼장에서 울려 퍼진 소리다.

행사장 벽면에 설치된 4개의 대형 스크린에서는 마천루가 들어선 거리

와 돔 모양의 경기장, 그리고 대형 컨테이너 부두와 호화 요트 등을 컴퓨터 그래픽으로 이미지를 처리한 동영상이 반복적으로 돌아가고 있었다. 어느 선진국 못지않은 모습이었고 여기가 정말로 사우디인가를 의심나게 했다.

사우디 최대 규모의 개발 프로젝트인 '킹 압둘라 경제도시'를 홍보하는 자리인데, 올해로서 벌써 3년이 되었다.

267억 달러를 투자해 제다에서 북쪽으로 100km 떨어진 해변에 경제 신도시를 건설하는 프로젝트다.

현존해 있는 국왕의 이름까지 차명한 신도시 프로젝트는 이미 2005년

12월 착공했으며 올해로 시공 5년째를 맞고 있다.

또한 지잔 경제도시의 규모도 100억 달러에 달한다. 내가 자잔 국제도시까지 챙겨서 소개하는 것은 지잔 신도시의 콘셉트가 그린 시티로 설계도가 그려지고 있다는 사실 때문이다.

그동안 폐쇄성에 강한 사우디가 그린 뉴딜이 필요한 시대적 흐름에 뒤처지지 않기 위해 그린 이코노미 모드로 바꾸고 있는 것에 대하여 어떻게 생각해야 할까? 그들은 무엇을 필요로 하고 무엇을 지향하는 것일까.

사우디가 이렇게 성장 드라이브를 거는 주된 목적은 향후 석유 고갈에 대비하고 당면한 실업문제에 대처하기 위해서다.

실제로 사우디아라비아의 1인당 국민소득은 23,056(2008년 통계)달러로 높지만 1990년대 사우디 연평균 경제성장률은 1%를 넘지 못한 쓰라린 경험도 가지고 있다.

심지어 성지순례만 인정해온 관광업도 개방하는 데 이르렀다. 이처럼 최근 사우디는 범국가적 도시 건축에서 그린 이코노미 모드로 바꾸어 가는 것은 어쩜 당연한 변신이자 변화의 대세에 따른 국가적 조치로 볼 수 있다.

사우디아라비아의 변신과 변화는 곧 중동산유국이 그린 뉴딜에서 그들의 미래를 걸었다는 정책적 결단으로 보아도 된다.

이 정책적 결단은 기존의 OPEC체제에 만족하지 않고 IEA와 동급의 IAEA까지 아우러 가는 모습이 간접적으로 추가한 것과 같은 맥락이다.

따라서 바람난 사우디아라비아의 정책적 변화는 시대적 요구이자 동시에 시대적 요청임을 알 수 있다.

4 친환경 정책의 모범답안을 쓰고 있는 UAE

그린 머니의 참맛을 잘 알고 있고 동시에 그린 쇼크에 취한 아랍 에미리트연합(UAE)은 중동국가 가운데서 그린 뉴딜의 모범답안을 쓰고 있는 국가에 속한다.

그냥 모범답안에 그치지 않고 태생적인 제조업의 부진까지 소화시키는 그린 뉴딜에서 발군의 실력자로 거듭나기 위해 7개 에미리트 지도자는 힘을 모으고 있다.

이러한 현상은 최근 두바이월드의 채무지불유예 선언 이후에 벌어진 실제상황이라 합심의 결과는 더 크고 강하게 작용할 것같다.

지난해 12월 4일 제38주년 아랍에미리트 국경일(The 38th National Day of United Arab Emirates)에 즈음해서 내보낸 보도 자료에 따르면 그린 뉴딜과 환경보호에 대한 관심을 집중적으로 다루었기 때문이다.

아랍에미리트는 1970년부터 야심 찬 전략적 프로그램을 통해 환경문제에 큰 관심을 가져왔다.

UAE의 건국자 셰이크 자에드는 석유 채굴을 할 때 연소되는 가스 낭비를 막기 위해 전 세계적으로 석유산유국이 취한 첫 번째 조치로 여겨지는 환경정책을 실천했다.

UAE는 셰이크 자에드가 세워놓은 토대 위에 환경보호를 위한 관련조직을 출범시켜 깨끗한 환경 속의 삶을 영위할 수 있도록 환경분야의 지속적인 발전을 위해 매진했다.

따라서 UAE는 이 분야에서 전 세계 최초로 여겨지는 상금 백만 달러의 '자에드 국제 환경상'을 제정하기에 이르렀다.

동시에 청정에너지에 대한 관심을 고취하기 위해 2008년 청정에너지 분야에서는 세계 최대로 간주되는 '자에드 미래상'을 만들어 운영 중이다.

Plan Abu Dhabi 2030

도시국가 아부다비는 최근 다각화(diversification)·성장(growth)·지속(sustainability) 등을 3대 그린 뉴딜로 삼아 정책의 우선순위에 놓고 있다.

특히 아부다비는 'Plan Abu Dhabi 2030'에서 향후 에너지정책은 경제 발전 방향으로 설정해 신재생에너지 기술개발에 적극적으로 임하고 있다.

장기적인 관점으로 보아도 탈(脫) 석유화 정책의 유지는 신재생에너지 비중을 높이고 동시에 고용 창출의 의미까지 포함하고 있다.

아부다비는 세계 최초의 카본프리시티 마스다르 프로젝트를 추진하여 2009년 2월 미국 캘리포니아에서 개최된 '친환경기술 포럼(Cleantech Forum)'에서 '올해의 그린테크 리더상'을 수상하기도 했다.

국가적 차원에서 UAE 친환경 정책 개요

UAE에서는 국가 차원의 이산화탄소 배출 절감정책을 실시하고 있는데 2009년까지 이산화탄소 배출 증가를 3.5%로 제한해 실시했었다. 올해는 이 수치를 2.5%까지 끌어내린다는 목표를 천명해두고 있다.

도심을 달리는 자동차 매연이 곧 인산화탄소 배출의 주범으로 인식해서 차량 사용연수에 따른 제한제도를 도입했다.

예를 들면 15년 이상 차량의 사용 금지를 비롯하여 10년 이상 차량의 양도 금지, 그리고 승용차 5년 이상과 버스 7년 이상의 중고차 수입을 전면 금지해 성공적인 성적표를 쌓고 있다. 아니 괄목한 모범답안을 쓰고 있는 것이다.

Emirates Green Building Council

하루가 다르게 늘어나는 고층 빌딩과 아파트 건물을 친환경적으로 관리하기 위해 에미리트그린빌딩관리위원회(EGBC)는 2011년부터 건물 등급제 실시를 예고해 두고 있다.

이 위원회를 통해 빌딩 규모를 평가한 후 건물마다 각기 다른 등급 증명서를 발급한다고 발표했다.

특히 아부다비 도시개발위원회(Urban Planning Council)는 친환경 건축을 위한 그린빌딩 가이드라인을 공표했다.

건물 간 거리와 공공 통행 정유소를 비롯하여 모든 건물에 디자인 개념을 도입하고 이를 도시건물 친환경화 정책으로 삼아갈 것을 발표했다.

이처럼 그린빌딩 규제제도가 시행되면 에너지 소비 20% 감소와 수자원 소비 30% 감소가 가능할 것으로 기대하고 있다. 따라서 친환경 정책의 모범답안을 쓰고 있는 UAE는 중동산유국에서 가장 많은 이산화탄소를 배출하는 나라라는 불명예를 지울 날이 가까워지고 있다.

제2장에서는 그린 쇼크에 취한 중동국가 그린 산업은 이제 시작에 불과함을 알 수 있다.

하지만 세계적인 석유 수출국인 사우디아라비아와 UAE, 그것도 열사의 나라에서 친환경 정책을 입법 고시해 운영하기 시작한 점은 그동안 우리가 가지고 있던 편견과 오해가 얼마나 거리가 먼지를 적나라하게 드러낸 아주 역설적인 지적으로 간주할 수 있다.

1 왜 중동 산유국은 그린 시티를 서두르는가

　세상에 모든 일은 관심의 유무에서 시작된다. 관심이 있고 없음의 차이가 곧 성과로 반영되기도 한다. 관심이 있음은 성공이고 없음은 실패라는 이등분법 논리를 적용하면 모든 게 해결될 수 있다고 믿고 있다.

　하지만 산업의 패러다임이 그린 뉴딜로 치닫으면서 성공과 실패로 구분하기에는 뭔가 부족하다. 그 근본적인 교훈을 '포기(抛棄)'라는 단어를 차용해서 미래를 노래하기도 한다. 예컨대 그린 뉴딜은 많은 시간과 천문학적인 돈, 그리고 자연환경과 지도자의 결심 등이 복합되어 하나의 녹색철학이 완성된다.

　조금은 수사학적 논리로 구분될 수 있지만 '왜 중동 산유국이 그린 시티를 서두르는가'에 대한 관념적 답변 도출의 열쇠를 찾기가 쉽지 않다는 데 문제가 도사리고 있다. 때문에 이를 바르게 직시하기 위해서라도 중동산유국의 그린 산업 정책부터 챙기는 일이 필요하게 된다.

추진 배경

과거 에너지 고갈이라는 글로벌 이슈에 무관심했던 중동 산유국들이 최근 유가 변동으로 인한 불안정한 오일 마켓을 경험하면서 생겨난 변화의 바람에 동승을 서두르기 시작했다.

예전의 석유 수출국에서 에너지 수출국으로의 변화의 중요성에 눈을 뜬 것이다. 최근 글로벌 금융위기를 겪으면서 지구촌 경제는 하나의 바퀴로 움직이고 있다는 것을 직시한 결과일 수 있다. 코펜하겐 시대도 이를 요구하기 시작했다.

물론 좋은 세계 경제가 자의에서 움직이는 변동계수보다는 타의에 의해 변화하는 실물경제에 전율한 이치에 한정된 것이지만 말이다.

예를 들면 지난 2008년 7월에는 석유 1배럴당 147달러에 달했던 유가가 고작 7개월이 흐른 2009년 3월에는 33달러로 곤두박질 쳤었다. 이러한 경험에서 비롯된 유가 변동을 통한 공감일 수 있다.

여기에 그치지 않고 높은 에너지 소비 구조와 부족한 수자원 역시 중동 산유국들이 차세대 에너지 공급원을 모색하게 된 주요 요인으로 작동함이 추가된다.

또한 중동국가들 대부분이 이슬람 문화권이고 숭배한다는 종교적 유대감이 이들의 공감의 폭을 넓힌다.

더 깊게는 중동의 풍부한 오일머니는 장기간의 투자 회수 기간을 필요

로 하는 신재생에너지 및 친환경기술 개발에 안정적인 투자자금의 공급원
으로서 역할에 기대를 걸게 했다.

투자 러시

2009년 1월 UAE는 150억 달러를 신재생에너지에 투자할 것이라고 발
표했다. 이 거금은 미국의 오바마 대통령이 자국의 미래 에너지산업을 장
려하기 위해 민간기업에 투자한 투자금액과 동일한 규모다.

또한 사우디아라비아 국립대학 (KAUST; King Abdullah University of
Science and Technology)은 미국 스탠포드를 비롯하여 버클리 대학교와
제휴 파트너십(Academic Excellence Partnership)을 맺은 후 신재생에너
지 기술개발을 위해 스탠포드 대학교에 2억 5,000만 달러를 투자했으며,
버클리대학교 연구소에는 8,000만 달러를 투자한 바 있다.

같은 해인 2008년 11월 카타르 정부는 영국 고든 브라운 총리와 영국의
저탄소 기술개발에 15억~22억 달러를 투자하기로 합의했다. 투자의 러
시가 봇물을 이룬 것을 알 수 있다.

결국 국내 투자비율이 높은 중동 산유국 특정상 향후 신재생에너지 개
발과 저탄소 신도시 개발 등 친환경 비즈니스에 보다 집중적으로 오일머
니가 유입될 것이 예단된다.

중동 산유국들은 사막이 강한 태양광을 갖고 있는 자연적 특성은 태양
광발전산업에 매우 적합함한 것임을 이미 파악하고 있다. 이를테면 미개

발된 사막지역에 새로운 탄소제로도시를 건설하는 것은 기존의 도시 인프라를 없애고 재건축하는 것에 비해 비용적인 측면에서 상대적으로 저렴하다는 점이 강점으로 작용한 것으로 이해된다. 훨씬 효율적이라는 얘기와 마찬가지다.

따라서 최근 중동산 유국 사이에는 제로카본시티에 열광하기 시작했고 관심의 유무 차원을 넘어 성과물에 관한 강한 집념으로 우후죽순(雨後竹筍)처럼 친환경 도시건설에 열광하고 있는 것이다. 쿠웨이트의 실크도시(City of Silk)와 카바리 미래 도시(Khabary Future City)가 그렇고, 사우디아라비아의 킹 압둘라 경제도시가 그렇고, 아부다비의 마스다르(Masdar)가 그 대표적이다. 더 흥미만점은 이 변화의 바람이 고비사막을 넘어 중국에까지 영향력을 발휘하고 있다는 점이다. 중국은 중동과의 지형학적으로 조금 차이가 나기 때문에 친환경도시(에코 시티) 개념으로 발전하고 있다. 중국형 에코시티 개념은 중국 도시 개발의 어젠다로 부상하고 있다. 중앙정부뿐만 아니라 지방정부에서도 에너지 소비와 탄소배출을 대폭 줄이는 에코시티 건설을 야심차게 추진하고 있다. '중국=환경 오염국' 이라는 부정적 이미지를 개선하려는 목적에 그치지 않고 지속가능한 도시발전이란 차원에서도 에코시티 건설의 중요성을 강조하고 있다. 최근 중국정부는 싱가포르와 손잡고 톈진시 빙하이신구에 에코시티 조성에 들어갔다. 또한 시정부 차원에서 상하이가 인근 충밍다오의 동탄지역에 에코시티 건설 40년 장기 프로젝트를 추진하고 있다. 오는 2050년까지 인구 50만 명 수용의 탄소제로시티 건설에 착수했다.

2 미래 도시 건설로 재탄생하는 쿠웨이트

쿠웨이트 환경법은 전통적으로 석유에 의한 해양오염 방지 분야를 중심으로 발전해 왔다. 1990년 걸프전쟁 당시 이라크가 파괴한 대형 유조선(油槽船)에서 흘러나온 석유와 천연가스 등으로 대기와 토양, 해수와 해변이 오염됨에 따라 이 분야에 대한 집중적인 감시와 관리가 이루어지게 되었다.

최근에는 온실가스 감축이 이슈화되면서 정유공장 등을 통해 배출되는 온실가스 절감을 위해 모든 행정력을 동원하고 있다.

쿠웨이트 온실가스 규제 정책

인구 100만 명의 쿠웨이트는 1인당 온실가스 배출 수준이 37.1(한국은 9.8, 미국은 20.4, 영국은 9.4)로 매우 높다.

이러한 수치에 자극을 받은 쿠웨이트 정부는 석유 및 석유화학 공장의 온실가스 감축 프로젝트에 예산을 늘려 지원하고 있다.

쿠웨이트 정부 지원에 의해 친환경공장으로 거듭나고 있는 정유공장 KNPC는 'Enviromental Pathfinder Study' 프로그램을 통해 정유공장의 환경관리 역량과 최적의 상태를 비교 검토하여 괄목한 성적표를 쌓고 있다.

특히 쿠웨이트에서는 대기의 주요 오염원인 정유공장을 중심으로 연소가스 회수처리 시설의 구비를 의무화시켰다.

여기에 그치지 않고 쿠웨이트는 그린 시티 건설에도 매우 적극적이다. 천문학적인 오일머니를 투입한 제로카본시티 '실크 도시(The City of Silk)'와 '카바리 미래도시(Khabary Future City)'가 대표적이다.

The City of Silk

그동안 쿠웨이트 수도 쿠웨이트시티는 과밀한 교통 체증을 풀고 친환경화 도시 건설의 필요성을 절감하고 있었다. 분명 여기에는 쿠웨이트가 중동지역 교역과 경제중심지로서의 영광을 재현하기 위한 미래 도시건설이 필요했다. 실크 시티를 통해 과거의 위상을 회복하기 위한 노력의 일원임은 물론이다. 실크 시티는 이미 국왕의 승인을 마쳤고 프로젝트 밑그림도 자세하게 소개되고 있다.

지난해 6월 30일 KOTRA 국제회의장에서 열린 '중동 신성장산업 진출 설명회'에 연사로 나온 쿠웨이트 알라위 하산 타쿠(Alawi Hussain

Taqi) 는 실크 시티에 관한 소개와 설명을 통해 실크 시티의 규모와 비전을 소개하였다.

쿠웨이트가 의욕적으로 추진하고 있는 실크 시티는 쿠웨이트의 국가 이미지 업그레이드에 절대적 가치와 의미부여가 가능하기 때문에 관련기업들에게는 초미의 관심사로 떠오르고 있다 (〈도표 3-1〉참조). 이를 도식화하면 다음과 같다.

- 위치 : Madinat Al Hareer, Subiya
- 규모 : 250㎢
- 투지비용 : 860억 달러
- 공사일정 : 2009년 ~ 2030년
- 공사 진행 개요 : 쿠웨이트 수도에서 실크도시로 이어질 해안도로

건설 입찰을 발표한 상태다.

– 부대시설 개요 : 다음처럼 크게 세 가지로 요약할 수 있다.

(1) 금융 부문 – 실크 시티의 금융부문은 해변도로에 위치한다. 쿠웨이트 시내를 마주 보는 장소에 설치된다. 상징적인 랜드마크로는 1,001m 높이의 세계 최고층 빌딩인 무바라크 알 카비르 타워(Mubarak Al Kabir Tower)를 건설한다.

FUTURE PROJECTS

Expected in	Q2-2010
Estimated Value	$ 5.5 Billion
Estimated Value	2KM Vehicle free pedestrian zone – Conservation of water & Electricity (Usage reduced to 40%) – Solar panels & latest Waste disposal systems used. – New Ring road constructed in 26 Acres of land to reduce the traffic problems – 15,000 Parking space
Project consists of	– Shopping Malls – Pestaurants & Café – Parks & Play ground, – Office spaces Etc.

〈도표 3-1〉

1) **Khabary Future City**
2) Ciry of Silk (Medinat Al Hareer)
3) Sabah Al Ahmed Future Ciry
4) Al Khairan Pearl City
5) Subiya Causeway
6) Failaka Island Development
7) Bubiyan Island Development

⑵ 엔터테인먼트 부문 - 걸프 만(灣)으로 나오는 유프라데스강과 티그리스강이 마주보는 곳에 위치한다. 제로카본시티답게 리조트와 호텔, 의료시설과 수상 레저시설을 포함시킨 세계 유수급 엔터테인먼트 타운을 기대하고 있다.

⑶ 환경 부문 - 실크 시티의 기본 테마는 아프리카와 아시아로 이동하고 있는 철새들의 보호지역이기 때문에 이를 크게 확대시켜 문화와 환경을 조화시킨 것으로 핵심 콘셉트를 삼고 있다.

이상 세 가지 기본 사항을 만족시키기 위해 실크 시티 프로젝트 운영자는 도시 전체를 강화해 호수, 그리고 공원 등으로 조성시켜 실크 시티의 랜드마크가 들어설 무바라크 알 카비르 타워를 통해 새로운 쿠웨이트 발전상을 그대로 녹여내는 일에 최선을 다할 것으로 발표했다.

Khabary Future City

쿠웨이트 정부가 창의적이고 동시에 의욕적으로 추진하고 있는 그린 시티의 견본시로서 실크 시티가 있다면 이번에는 미래도시의 출현을 기대하는 카바라 미래도시를 꼽게 된다.

카바리는 도시 네이밍도 미래도시의 이미지를 잘 살려내고 있다. 카바리(Khabary)는 아랍어로 사막의 오아시스를 뜻한다.

쿠웨이트 사막에서 인간의 행복과 세계 평화를 추구하는 의미에서 붙인 이름답게 쿠웨이트 정부의 미래지향적인 도시 계획을 그대로 품고 있다.

사막의 오아시스’는 그래서 정답고 더 기대되는 기념비적 도시 건설을

FUTURE PROJECTS

Expected in	Q2-2010
Estimated Value	$ 5.5 Billion
Estimated Value	2KM Vehicle free pedestrian zone – Conservation of water & Electricity (Usage reduced to 40%) – Solar panels & latest Waste disposal systems used. – New Ring road constructed in 26 Acres of land to reduce the traffic problems – 15,000 Parking space
Project consists of	– Shopping Malls – Pestaurants & Café – Parks & Play ground, – Office spaces Etc.

〈도표 3-2〉

1) Khabary Future City
2) **Ciry of Silk (Medinat Al Hareer)**
3) Sabah Al Ahmed Future Ciry
4) Al Khairan Pearl City
5) Subiya Causeway
6) Failaka Island Development
7) Bubiyan Island Development

지향하고 있다. 중동 산유국 이미지의 '오일 시티'가 코펜하겐 시대의 요구대로 '그린 시티'로 발전하는 모습을 전제해 65억 지구촌 소비자에게 다가오고 있는 것이다 (〈도표 3-2〉 참조).

앞의 실크 시티처럼 실크 카바리 미래 도시를 정리하면 다음과 같다.

– 위치 : Fahaheel (쿠웨이트 시의 근교(近郊))

- 규모 : 770,000㎡

- 투지비용 : 55억 달러

- 프로젝트 일정 : 올해부터 기본 설계에 들어갔고 태양광 판넬로

    치장한 도시 모습을 재현할 것으로 알려졌다.

- 주관회사 : 카바리 홀딩(Khabary Holding)

- 주요 시설 : 주거시설을 필두로 병원과 공원 등이 포함된다.

15,000대의 주차시설과 2개의 모노레일을 운영할 것이라고 한다.

특히 친환경 기술을 이용한 에너지와 수자원, 폐기물 관리에 역점을 두는 일이 포함된다. 한마디로 주변 자연과 조화를 이루는 설계에 의해 쿠웨이트만이 자랑할 수 있는 수준의 쾌적한 생활환경 제공을 목표로 삼고 있다.

쿠웨이트 정부가 의욕적으로 추진하고 있는 카바리 미래도시는 미래형 도시 건설로서 그린 이코노미 지향으로 제 역할을 할 것이다.

예를 들면 태양에너지 집열판과 에너지 보호 장치 등 최첨단 그린 테크(GT)를 활용하여 전력소비량을 최소화시키는 것까지 꼼꼼하게 챙기고 있다. 또한 수압을 낮추지 않으면서 물 사용량을 40% 감소시키는 기술까지 적용할 것이라고 주관사 Khabary Holding이 밝혔다. 특히 지붕으로 덮인 공간의 설계는 주변보다 10도 낮게 기온을 유지시켜주는 데 이르는 것까지 꼼꼼하게 챙기고 있다. 결국 쿠웨이트 미래도시 카바리 미래도시는 제2의 중동판 아부다비 마스다르로 보면 틀림없다.

3 킹 압둘라 경제도시에 녹여낸 그린 사우디아라비아

서로 경쟁적으로 도시 발전에 매진하고 있는 중동 산유국은 창의적인 정책 발상보다는 시행착오와 정책실패를 비켜가는 쪽으로 미투전략을 구사하는 데 이력이 붙은 나라들이다. 절대적인 권력이 지도자에게 몰려 있기 때문에 창의적인 정책 발상에서 오는 모순까지 인정 해야만 한다. 그만큼 절대왕족의 권위와 권력에 의해 모든 정책이 좌지우지되기 때문이다. 앞에서 소개한 쿠웨이트의 실크 시티와 카바리 미래 도시의 경우도 쿠웨이트 국왕의 승인을 얻고 나서 프로젝트를 실시할 수 있었다.

이런 잣대로 보아도 사우디아라비아 정부가 의욕적으로 추진하고 있는 4개 신도시 건설 프로젝트 가운데 킹 압둘라 경제도시는 지금과 같은 그린 시티의 개념이 일반화되지 못한 시대상황을 먼저 이해해야 한다.

첫 삽질 시기가 2005년이기 때문에 당시 시대상황으로는 그게 최고의

선택이 되었던 것이다. 착공 5년이 흐른 지금에 보아도 무늬만 그린 지향
이 아니라는 점에서 큰 점수를 주어도 좋을 것 같다.

지능형 도시

왜냐하면 킹 압둘라 경제도시의 콘셉트가 지능형 도시(Smart City)로
짜여 있고 그렇게 진행 중이기 때문이다.

〈도표 3-3〉〈도표 3-4〉에서 보듯이 킹 압둘라 경제도시는 산업화
(Industrial)와 공공성(Public), 그리고 개인화(Personalai)를 극대화시킨
점에 대하여 높은 점수를 줄 수 있다.

사우디 정부는 민간개발 형식의 4대 신도시를 진행 중이거나 또는 추진
중에 있다. 앞에서 소개한 지잔 경제도시(Jizan Economic City)도 그 가운
데 하나이다.

사우디 정부는 2005년부터 신도시 건설을 하면서 계획적으로 스마트
시티 개념을 도입하는 과정에서 새로운 기술 적용을 우선시했다.

이러한 시도와 실행을 통해 이를 점차 사우디 기존 도시에 적용시켜 나
간다는 복안을 가지고 있다.

(1) King Abdullah Economic City
  - 도시규모 : 168㎢
  - 투자금액 : 500억 달러

- 위치 : 라비그(Rabigh)

- 사업기간 : 2007년~2030년

- 도시특징 : 항만 · 공업 · 금융 · 거주 · 교육 단지 등을 갖춘

  물류중심의 경제신도시로서 사우디의 최대 민간 프로젝트다.

(2) Prince Abdulaziz Economic City

 - 도시규모 : 156km^2

 - 투자금액 : 156억 달러

 - 위치 : 하일(Hail)

 - 사업기간 : 2006년 ~ 2016년

 - 도시특징 : 중북부 지방의 물류중심 도시로 농업 · 건설자재 및

  광물개발 산업 육성을 위한 전진기지 도시형태 지향

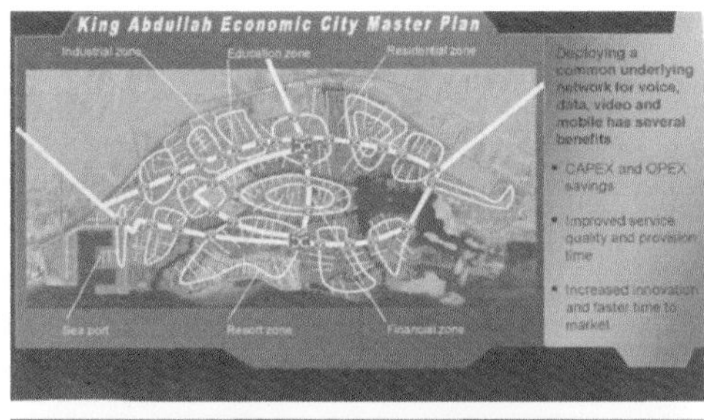

〈도표 3-3〉

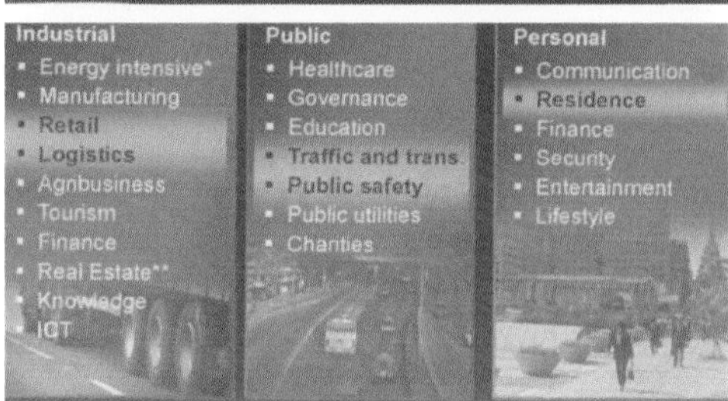

〈도표 3-4〉

(3) Jizan Economic City

- 도시규모 : 110 ㎢

- 투자금액 : 300억 달러

- 위치 : Jizan

- 사업기간 : 2006년 ~ 2037년

- 도시특징 : 에너지 및 노동력 기반산업 중심의 서남부 중심 도시

  지향

(4) Tabuk Economic City

- 도시규모 : 161㎢

- 투자금액 : 300억 달러

- 위치 : 타북

- 사업기간 : 2006년 ~ 2030년

- 도시특징 : 서북부지역의 중심도시로서 교육과 문화, 관광과

  비즈니스 중심을 지향

- 기타 : 이 도시 건설은 타북 지역 통치자인 파흐드 빈 술탄 왕자가

  짓고 있다. 파흐드 왕자는 최근 블룸버그통신과의 인터뷰를 통해

  타북 경제도시에 70만 명의 인구를 수용할 수 있는 복합문화도시

  를 탄생시키겠다고 공언하고 있다.

최근 사우디아라비아는 지극히 폐쇄적인 국정운영에서 개방정책으로
선회하고 있다. 그 가시적인 결과물이 바로 민간주도의 신도시 건설에서
빛을 발하고 있다는 점이다.

　결론적으로 중동 산유국의 맹주로서의 사우디아라비아가 전통과 문화를 살리면서 동시에 신도시 건설에 매진하는 이유야말로 중동산유국 사이에 불고 있는 '스톱 이산화탄소(Stop CO2)'에서 얻어낼 그린머니를 읽고 있다는 방증일 수 있다. 그것도 제대로 그 천문학적인 건설비용을 오일머니로 충당하면서 말이다.

4 세계 최초의 제로카본시티인 마스다르

세계 최초의 '제로카본시티(Zero-Carboncity)'와 '제로 쓰레기(Zero-Waste), 그리고 '차 없는 도시(Car Free City)'를 목표로 삼아 목하 건설 중인 아부다비 마스다르(Abu Dhabi, Masdar).

우리에게 잘 알려진 친환경 지향의 그린 도시로 유명세를 치르고 있다. 지난 2008년 첫 삽을 떴고 오는 2016년 완공을 목표로 서두르고 있다.

마스다르는 세계 최초로 이산화탄소의 발생이 없고 쓰레기량을 최소화 시키며 차량이 없는 친환경 녹색도시의 전형을 제시하게 된다. 한마디로 '스톱 이산화탄소(Stop CO2)'를 지향하는 것인데 이미 전 세계적인 신문 매체의 단골 주인공이 되었다.

마스다르는 기존 도시를 친환경적으로 변모시키는 것이 아니라 처음부 터 이산화탄소 배출과는 거리가 먼 명실상부한 그린 시티의 교과서를 쓸 것이다.

마스다르가 위치한 곳은 아랍에미리트연합 도시국가 아부다비 도심에서 20km 떨어진 칼리파 구역으로 아부다비 국제공항 근처에 위치하고 있다.

규모는 서울 여의도 넓이 3/4 정도의 $6km^2$에다가 개발비용은 220억 달러에 이른다.

도시구성은 주거지역(30%), 비즈니스 및 연구지역(24%), 상업지역(13%), 과학 및 기술재단(6%), 도시 및 문화지역(8%), 서비스 지역(19%)으로 구성되고 있다.

주요 에너지 공급은 100MW급 태양광발전소에서

마스다르는 주요 에너지 공급을 태양광발전소에 의해 충당할 것으로 알려졌다. 물의 수요도 태양열을 이용한 담수 플랜트를 통해 공급받게 된다. 특히 마스다르는 기존의 도시 교통수단이었던 자동차가 아닌 이산화탄소 배출 감소가 전혀 없는 새로운 운송기구인 '개인용운송수단(PRT ; Personal Rapid Transit)'과 운송 열차인 '경전철(LRT ; Light Rail Transit)'로 해결할 것이라고 한다.

국제재생에너지기구(IRENA) 본부 유치

마스다르는 지난해 6월 IRENA 본부를 유치해 전 세계를 다시 놀라게 했다. 투자규모 220억 달러의 위용을 실감시키고 남는 위력이 아닐 수 없다. 아니 오일머니의 그린 파워라고 해야 정확할 것이다.

이 기구의 설립목표는 지금 세대에게는 좋은 자연환경을 제공하고 차세대에게는 녹색생활을 통해 지구촌 소비자의 삶을 향상시키는 녹색견본시대를 제시하는 일이다.

결국 IRENA는 재래식 자원에 대한 의존도를 줄이고 친환경 에너지 사용으로 전환하기 위한 노력을 극대화시킬 국제적 기구로 자리매김될 것을 기대하고 있다.

World Future Energy Summit 2010

2010년 1월 18일부터 동년 1월 21일까지 아부다비 국제전시장에서 개최된 세계 미래 에너지 전시회는 중동산유국이 그린머니를 선택한 이유와 기대를 함께 느끼기에 충분했다.

2010년 제3회 전시회는 2만 ㎡ 규모로 전 세계 600개 관련기업 참가, 관람객 3만 명에 달해 대성황을 이루었다. 특히 독일·미국·일본·중국·영국·한국 등 20개 국가가 국가관으로 참가했다. 대표적인 참가기업으로는 지멘스(독일)와 GE(미국), 베스타스(덴마크)와 Win Win D(핀란드)

등이다.

마스다르가 주최한 이 전시회의 화두는 '그린 웨이브의 도래'를 제시함과 동시에 전 세계는 '이산화탄소 배출을 허용하지 않는 세상(The World Stop CO2)'을 향해 노력하지 않으면 미래는 물론 우리 후손이 존재하기 힘든 세상이 될 것임을 적나라하게 보여준 자리였다.

PART 4

그린머니를 선택한
중동 산유국의 집중적 그린 전략

1 그린머니 – 연결의 그린노믹스
(Greenomics of Connection)

'과거 에너지 고갈이라는 글로벌 이슈에 무관심하던 중동 산유국이 최근 유가 변동으로 인한 불안정한 오일 마켓을 경험하면서 생겨난 변화의 바람에 동승을 서두르기 시작했다. 예전의 석유 수출국이 아닌 에너지 수출국으로의 자각에 눈을 뜬 것이다.

마스다르 도시 설계와 디자인 관련 기업 리스트

마스다르 설계와 디자인 분야에서는 미국과 유럽세가 매우 강하다. 대부분 그들이 연결의 고리에서 자전거 바퀴살처럼 상호적으로 연관되어 있음이 그렇다.

예를 들면 10개의 관련기업 리스트를 자세하게 살펴보면 벌어진 입을 다물어지지 않게끔 우리를 놀라게 한다.

- Foster & Partners(영국) - 마스터플랜 디자인

- Atkins(영국) - 도시 인프라 디자인

- WSP(영국) - 수자원·폐기물 처리 컨설팅

- Cyril Sweett Limited(영국) - 견적 및 비용 컨설팅

- Transsolar(독일) - 에너지 및 환경 전략 컨설팅

- Systematica(이탈리아) - 교통 수단 컨설팅

- ETA(이탈리아) - 탄소 배출 및 에너지 수요 컨설팅

- Flack + Kurtz(미국) - 건축(전기·기계·배관) 설계 컨설팅

- CH2M Hill(미국) - 마스다르 1단계 프로그램 담당

- Adrian Smith + Gordon Gill Architecutre(미국) - 마스다르 본사를 세계 최초이자 최대 규모의 Positive Energy(건물 내에서 소비되는 에너지의 양보다 생산되는 양이 더 많은 건물) 건축물을 설계했다.

그린머니를 선택한 중동 산유국의 속내는 천문학적인 투자금액만큼 돈으로 살 수 있는 기업의 기술과 경험을 전수(또는 이전)받아 자국의 이익으로 연결시킴과 동시에 인재양성을 통해 미래 설계까지 챙기는 일이며 따라서 고도의 전술적 테크닉을 발휘하고 있음이 차츰 밝혀지고 있다. 이름하여 '연결의 그린노믹스(Greenomics of Connection)'에 관한 수익계정(收益計定)이자 그린머니의 현주소가 아닌가 싶다.

2. 그린 테크놀로지-속도의 그린노믹스
(At a Greenomics Speed)

2008년 6월 마스다르는 그린 테크놀로지(Green Technology : 경우에 따라서는 그린 테크로 표기함)의 극대화를 위해 독일과의 합작회사 '마스다르 PV(Masdar PV)'를 설립했다. 2008년 2월의 첫 삽질 이후 4개월 만의 일이다. 오는 2014년까지 연간 1,000MW의 전력생산을 목표로 삼고 투자규모는 20억 달러에 달한다. 우선 2011년까지 최대 생산량 210MW를 목표로 2개의 솔라모듈 생산공장을 아부다비와 독일에 각각 건설 중이다. 독일 Erfurt 공장은 2008년 9월에 착공했으며 아부다비 공장은 지난해 10월 착공했다. 여기에 그치지 않고 마스다르는 스페인 엔지니어링 그룹 Sener Group De Ingenieria S. A와 지난해 합작회사 형태의 'Torresol Energy'를 설립했다.

수소 에너지 분야 진출

영국 BP와 호주 Rio Tinto는 합작회사인 'Hydrogen Energy'를 설립하여 22억 달러에 달하는 마스다르 수소 에너지 공장 설립 프로젝트를 진행하고 있다.

캐나다 Snc Lavalin은 마스다르의 탄소포집 계획의 연구에 참여하고 있는 반면 미국의 Mustang는 마스다르의 탄소포집 저장 프로젝트(CCS ; Carbon Capture and Storage)를 위한 기본 공정 설계를 담당하고 있다.

하나같이 세계적인 그린 관련기업이자 그린 관련 연구소를 동참시키고 있음을 알 수 있다.

마스다르의 또 다른 파트너, 스위스

마스다르는 2009년 1월 국가 차원에서 스위스와의 수소 발전소 건설에 파트너십을 체결했다. 우선 마스다르 시티 내에 스위스 빌리지를 설립하여 스위스 기업과 연구소의 허브로 활용하게끔 보다 진보된 윈윈전략을 도모하고 있다. 그린 테크에서 탁월한 스위스는 UAE의 대중교통과 고효율 빌딩 부문에 큰 도움을 주리라고 예상된다.

마스다르의 고민

하지만 마스다르라는 도시에 오직 즐거움만 있는 것은 아니다. 그린 테크에서의 기술진화는 하루가 다르게 발전하고 있음에서 이 고민이 시작된다.

마스다르의 완공 예정일은 2016년이다. 앞으로도 줄잡아 6년의 시간이 남아 있다. 앞으로 6년 동안 그린 테크 기술은 비약적으로 변화하고 발전할 것이다.

이러한 기술적 차이와 기술적 접목에서 발생할 수 있는 간격을 어떻게 줄여야 하는지 기술적인 문제에 봉착하게 된다. 지금은 기술과 기술이 융합하는 시대로 진입하고 있기에 더욱 그렇다. 최근 마스다르는 이러한 문제점을 극복하기 위해 몇 가지 시나리오 경영 정책을 마련하고 있다.

두 가지 해법

마스다르의 대응책은 의외로 단순하고 간단하다. '녹색융합사회의 유쾌한 상상'으로 콘셉트를 형성하고 있다는 점이 매우 유니크하다.

두 가지로 예를 들어 보자

첫째, 마스다르식(式) 그린 테크는 지역의 경계를 허물 수 있다는 믿음이다. 이미 그린 테크는 유럽에서 아시아로, 다시 아시아에서 미국으로 그린 테크가 바이러스처럼 퍼져나가고 있다. 프랑스는 지중해에너지연합으로, 중국은 독일에 이은 제2의 청정에너지 대국으로, 일본은 저탄소강국으로 자신의 강점을 극대화시키는 길로 각각 꿈을 꾸면서 달리고 있다.

둘째, 그린 테크가 이념의 경계도 무너뜨리고 있다는 점을 간파한 일이다. 얼마 전까지 급진 혹은 좌파들은 환경파괴의 주범이 보수 혹은 우파라고 공격했었다.

최근의 녹색물결은 전 세계의 이념 지형을 흔들고 있다. 니콜라 사르코지와 앙겔라 메르켈 등 유럽의 녹색 리더십은 보수·우파가 쥐고 있다.

좌파에게서 환경재앙의 상징으로 공격을 받았던 원자력발전이 '녹색시대의 기수(騎手)' 로서 당위성과 실용성에서 힘을 받았고 적어도 마스다르에서는 좌파의 공격이 사라졌다. 아니 그렇게 작동할 것을 예단한 증거가 국내외 신문매체에서 포착되기도 한다.

비록 그린 테크놀로지에서 열세라 해도 오일머니에 머리를 숙이고 공사참여에 적극적인 글로벌 그린 기업들의 테크놀로지가 제로카본시티를 건설하게 하였으며 이를 통하여 건설을 통해 기술 속도에 관한 고민을 해결하고 있다.

3 그린 글로벌 마켓 – 규모의 그린노믹스 (Greenomics of Scale)

아무리 포장하고 확대 적용한다고 해도 마스다르 시티가 들어설 도시국가 아부다비의 인구는 고작 160만 명 내외일 것이다. 게다가 미국인은 20%에 불과하고 나머지 120만명이 외국인인 다문화 사회로 발전해가고 있다.

그런데도 마스다르는 오는 2016년 상주인구 5만 명에 1,500개 해외기업 또는 연구소를 유치하여 세계적인 그린 클러스터를 기대하고 있다. 그린 글로벌 마켓 지향은 어불성설에 지나지 않을 수 있다. 희망사항에 그칠 공산이 높다는 점도 배제하기 어렵다. 하지만 최근 한국을 찾았던 술탄 아메드 알 자베르 마스다르 사장은 국내 매스컴 담당자와의 인터뷰에서 이를 이렇게 정리하고 있었다.

"우리는 에너지에 관한 한 축적된 정보가 가장 많다."

이 대목을 다시 반추해 보면 앞의 물음과 기우는 아웃사이드에게 있을 법한 편견에 지나지 않음을 알 수 있다.

글로벌 그린마켓의 관점에서 살펴보자면 아부다비 인구와 마스다르 글로벌 마켓과의 개념은 차원부터 다른 것이다. 애초에 마스다르는 기업가적 마인드로 출발한 점을 이해하거나 인지하지 않은 점에서 비롯된 착각임을 알게 된다. 아부다비 인구를 대상으로 세계 최초의 제로카본시티를 건설하는 것이 아니다. 도시 출발부터 기존의 도시와 다른 콘셉트가 작동되도록 만들었기 때문이다.

최우선적으로 전 세계에서 명함을 들이밀 정도의 글로벌 그린 테크와 그린 마인드를 지닌 해외기업과 연구소를 마스다르라는 신도시에 끌어들여서 그린 장터를, 그것도 글로벌 장터를 꿈꾸고 있다.

결국 미스다르는 로컬 개념의 도시가 아니라 규모와 범위의 경제가 요구하는 수준의 글로벌 그린마켓이 작동하는 광의의 시장 규모가 바로 그들의 지향점이 된다.

그렇다면 이게 가능할까. 그렇다면 이게 실현될 수 있을까. 그렇다면 마스다르가 얻어낼 수 있는 경제성 실리와 함께 정체성 확보로 성공을 보장받을 수 있을까.

아부다비에서 점을 찍고 GGC 권역 6개국으로 확장해
결국은 전 세계로의 비상

　우리가 잘 알고 있듯이 우리가 살고 있는 세상은 이제 인터넷과 정보통신의 발달로 세계적인 뉴스는 실시간으로 우리 안방까지 찾아오는 세상이 되었다. 지역과 국가의 구분은 이제 20세기 유물로 남아 있다. 광속의 21세기에는 돈과 사람이 자유스럽게 이동하고 움직이는 세상으로 변화하고 있다. 비록 아부다비 마스다르가 사막의 도시국가에서 탄생했다 해도 범위의 경제가 요구하는 수준의 글로벌 그린마켓을 좌지우지할 수 있는 시대적 명제를 마스다르는 이미 꿰뚫고 있다. 혹자는 내가 마스다르를 포장하기 위해 일부러 과대포장하고 있다고 말하겠지만 최근 마스다르가 내놓은 보도자료에 따르면 세계적인 그린 기업, 또는 그린 연구소가 마스다르 완공과 함께 입주를 예약해 놓고 있다. 다음과 같은 예약 입주자 명단을 살펴보면 저절로 머리가 숙여지게 된다. 관련 국가만도 6개국에 이른다.

- Imperial College London(영국)
- RWTH of Aachen(독일)
- The German Aerospace Center(독일)
- Climate Energy Research Center(스페인)
- Columbia University(미국)
- University of Waterloo(캐나다)
- Tokyo Institute of Technology(일본)

다시 마스다르 점 찍고 쿠웨이트 실크 시티로

최근 쿠웨이트 정부가 의욕적으로 추진하고 있는 실크 시티(City of Silk)와 카바리 미래 도시(Khabaray Future City)는 마스다르를 벤치마킹한 신도시이다. 마스다르가 글로벌 그린 마켓을 지향해서 전 세계 매스컴의 주목을 받게 되자 이를 벤치마킹하여 새로운 그린 시티를 출범시키고 있기 때문이다.

유행은 유행을 낳고 도시는 도시 경쟁력 확보에 따라 도시 인구가 몰려올 수밖에 없다. 즉 이러한 중동 산유국들의 글로벌 그린 마켓을 향한 발걸음은 전 세계대 그린머니를 바탕으로 한 글로벌 그린 마켓에 대한 안내자로서의 진가를 유감없이 발휘하고 있다.

4 그린 라이프스타일-실천의 그린노믹스
(An Action Plan of Greenomics)

　환경파괴의 문제가 심각해지면서 지구 온난화와 함께 저탄소운동이 화두가 되고 있다. 이명박 정부가 내건 '저탄소 녹색성장'은 바로 지구 온난화 방지와 기후변화 대응, 그리고 온실가스 감축 등을 통한 범국민적 운동이 골격을 이루고 있는 것과 일맥상통한다.

　실제로 산업혁명 시대부터 석탄과 석유 등 화석연료 사용이 늘어났고 자연스럽게 이산화탄소 배출량이 급증했다. 이 때문에 우리가 살고 있는 지구는 온실효과로 몸살을 앓고 있으며 지금 치료하지 않으면 기후 재앙으로 인해 인류 최후의 날을 맞이할 수도 있다는 것은 새삼스러운 뉴스가 아니다.

　그만큼 전 세계는, 65억 지구촌 소비자는 지역과 국경, 피부와 대륙을 구분하지 않고 지구 온난화 운동에서 등을 돌릴 수 없다.

각국의 국운이 모든 산업구조를 얼마나 빨리 저탄소로 바꾸느냐에 달려 있다고 해도 과언이 아니다. 하지만 어떤 명제, 어떤 이론이 좋다고 해도 국가의 구성원이 이를 인지해서 실생활에 적용하지 않거나 실천하지 않으면 그게 수사학적 말장난이고 동시에 한낱 거창한 구호에 지나지 않는다.

바로 이 대목에서 중동 산유국들이 기대하고 요구하는 그린 라이프스타일 제안은 남다른 의미를 지닌다.

이산화탄소 감축을 더 이상 미루어서는 안된다.

왜냐하면 지구 온난화로 인한 지구촌 환경악화는 그 자체에 그치지 않고 사회적 재해로까지 연결되고 있기 때문이다.

기후변화로 인한 자연재해 증가는 그 자체의 파괴력뿐만 아니라 전 세계적으로 식량과 식수난까지 일으키고 있고 관광산업마저 축소시키고 있다. 이에 대한 의존도가 높은 개발도상국가는 큰 타격을 맞아 필연적으로 사회적 양극화 심화의 중요한 원인으로 발전하게 된다.

환경경제학에서 가르치고 있는 '현대 녹색경제'에서 금과옥조로 삼고 있는 만고진리라고 해도 실천이 없는 명제, 실천이 없는 구호는 허공의 메아리와 비슷할 뿐이다. 세계적인 환경운동가 그룹인 그린피스가 내건 기치 '이산화탄소 감축은 미뤄선 안 됩니다' 마저도 유명무실(有名無實)일 수밖에 없다. 때문에 환경운동의 진가는 실천의 유무와 실천의 성적표에 따라 그 의미는 다르게 나타나기 마련이다.

중동 산유국이 그린머니를 선택하면서 간과할 수 없는 실천의 그린믹스 (An Action Plan Greenomics)의 본말이 여기에서 비롯된다. 아니 그렇게 만날 수밖에 없다.

Warming Up for a Change

최근 들어 중동산유국 신문매체들은 그린 실천 노믹스를 주장한 논조가 많아지고 있다. 코펜하겐회의에서 도출된 정치적 합의 때문에 이를 국민적 정서에 호소하는 운동이 대세를 이룬다. 그 어떤 이념과 민족 갈등 해소에 앞서 지구촌 구하기 운동은 그래서 값어치가 있고 그 빛은 지대하다.

〈자료 4-1〉은 최근 중동 산유국을 대표하는 〈걸프 뉴스 (2009. 12. 18일자)〉에 게재된 내용이다. 이 신문의 헤드라인이 바로 '뜨거워진 기후변화 (Warming Up for a Change)' 이다. 기후변화로 인한 지구촌 재앙을 과학적으로 수치화시킴과 동시에 바른 이해를 구하는 비주얼 테크닉까지 동원한 그 참한 아이디어가 돋보인다.

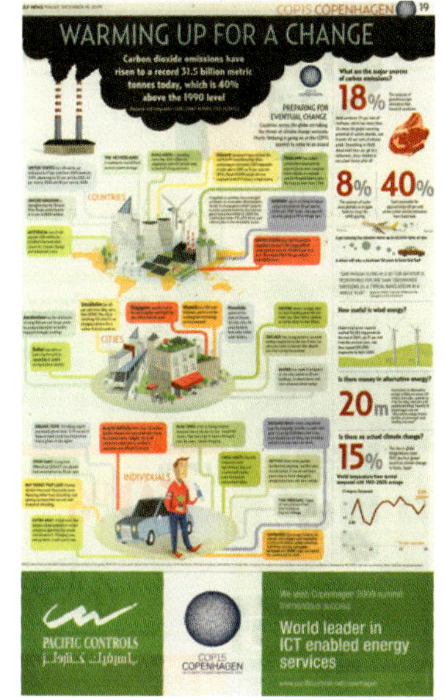

〈자료 4-1〉

최신형 형광등을 공짜로 주고 대신 그린 머니로

앞에서 소개한 〈걸프 뉴스〉는 최신형 형광등을 공짜로 주고 대신 그린 머니로 되받는 그린 비즈니스 모델을 자세하게 소개했다. 아부다비가 아닌 인도의 이야기이며 그 실천기업은 독일의 조명기구업체 오스람(Osram)이었다. 2009년 1월부터 오슬람은 인도 3개 주(안드라프라데시·하리아나·마하라슈트라)에서 콤팩트 형광등(CFLi) 200만 개를 빈곤층 가정에 공짜로 나누어주었다. 이 형광등은 기존의 백열전구에 비해 에너지를 80%나 절감해주는 고효율 신제품이다.

왜 오스람은 이런 기부행사를 계속하고 있을까. 답은 탄소배출권 시장(carbon market) 메커니즘이 이를 가능하게 만들고 있는 것이다.

인도 빈곤층 가정이 오스람의 콤팩트 형광등을 사용하면 오스람은 형광등을 통해 에너지 소비를 줄인 만큼 온실가스 감축을 인정받게 된다. 오스람다운 고도의 마케팅이 숨어 있음을 알 수 있다.

올해 온실가스 배출권 거래시장 규모가 사상 처음으로 1,500억 달러에 달할 것으로 보인다. 때문에 중동 산유국에게서 그린 라이프스타일 제안과 실천은 더없는 진일보된 친환경정책 집행국가로서 국가경쟁력으로 그린머니의 프리미엄을 의미한다.

이 책 제4장은 최근 중동 산유국이 그린머니를 선택(選擇)한 집중적(集中的) 그린 전략의 엿보기다.

그게 일반적인 논법으로 해석하기는 부족했기 때문에 팩트(fact)를 근거

한 그린노믹스(Greenomics)를 차용(借用)해 연결과 속도, 규모(또는 범위)와 실천의 방법론으로 풀어본 것에 그 이상도 그 이하도 아니다.

거듭 밝히지만 세계 최초의 제로카본시티 마스다르가 환경 비즈니스 개념으로 전 세계를 아우르는 것이 신선한 충격으로 다가왔다.

이 충격파는 결국 오일머니의 강국 중동 산유국이 코펜하겐 시대를 맞아 묵시적 교훈으로 이해할 수밖에 없다는 당위성마저 알차게 구비되어 있음과 무관하지 않을 터다.

PART 5

한국과 GCC와의 행복한 결혼식 FTA

1 GCC 탄생과 경제 규모

우리가 흔하게 말하는 중동지역은 고대 페르시아 지역 국가를 모두 아울러서 통칭한다. 위로는 이란으로부터 시작해 아래로는 이집트까지 아우른다.

하지만 글로벌 그린 마켓이라는 콘셉트에 걸맞게끔 이 책에서는 범위를 걸프협력위원회(GCC) 6개국을 비롯하여 요르단과 이란 등으로 국한(局限)할 것이다. 다른 뜻은 없고 현재 글로벌 그린마켓이 작동하는 곳을 우선적으로 소개해 이해를 돕기 위함이다. 따라서 이번 제5장은 걸프협력위원회(GCC) 6개국에 대한 시장조사로서 향후 한국과 GCC와의 자유무역협정(FTA) 체결이 예상됨을 전제한 일에 집필의 초점을 맞추었다. 이런 예상은 이번 한국과 아부다비와의 원자력발전소 건설 수주가 기폭제로 작용해서 보다 빠르게 전개됨을 예상해서 얻어지는 국제적 협약이 가시권에 접어들고 있기 때문이다.

역사적 GCC 발자취

GCC의 발족은 올해로 30여 년 전으로 거슬러 올라간다. 아랍에미리트 연합(UAE) 셰이크 자에드 국왕은 오늘날과 같은 국제기구인 GCC 발족을 꿈꾸었다.

당시는 UAE와 사우디아라비아의 국경지대 부라미 지역(Burami Area)에서의 분쟁이 그치지 않았다. 이 지역은 석유 및 천연가스의 잠재력 가능성이 매우 높은 곳이기 때문에 오랫동안 국경분쟁지역에 속했다.

1975년 셰이크 자에드는 이 국경문제를 풀기 위해 사우디아라비아 파이잘국왕과 직접 협상 테이블에 나선다. 그리고 6년의 시간이 흐른 뒤인 1980년 국경문제에 대해 극적으로 타결하는 데 성공한다.

양국 간의 국제협정이 체결됨과 동시에 사우디 정부는 그동안 애써 무시해 왔던 UAE의 존재를 인정했다.

이 두 나라 간의 협정이 성공함으로써 세이크 자이드가 생각했던 아다비아 만(灣) 국가의 미래를 보장할 국제기구 조성이 빛을 보게 된 것이다.

이러한 노력만이 아라비아 만 일대의 국가들에게 필요한 동참과 협력을 동시에 가질 수 있다고 믿었다. 셰이크 자에드 국왕은 자신의 확고한 신념에 의해 지금과 같은 형태의 GCC 설립을 가능하게 만들었다.

결국 지난 1981년 5월 GCC 헌장식에서는 카트로 · 쿠웨이트 · 사우디아라비아 · 바레인 · 오만 6개국이 회원국으로 서명한다. 물론 초대 회장에 셰이크 자에드가 취임하게 된다. 이러한 서명식과 함께 이들 국가 사이의 연대는 아라비아 만의 안정과 안보, 그리고 번영의 기반의 초석이 되었다.

특히 GCC 6개국은 특단의 국제질서를 형성함과 동시에 세 가지 목표를 달성하기 위해 국력을 모아왔다. 첫째, 아라비아 만(灣)의 평화와 번영이다. 둘째, 아랍 세계의 결속에 촉매제로서 이 국제기구의 미래를 거는 기대가 커졌다. 셋째, 이를 통해 세계 무대로의 진출이 가능하게 된 점 등이다.

제2차세계대전 이후의 대결실

제2차세계대전 이후 아랍세계의 통합을 위한 계획을 최초로 성공시킨 국제기구 GCC는 그 현장에서 나타난 성격이 여러 면에서 EU와 유사한 점을 가지고 있다. 우선적으로 아랍공동시장 형성을 비롯하여 관세동맹과 단일통화 등 지역 내 국제통합을 실천해서 궁극적으로 정치적 통합을 이루려는 목표로 삼고 있다는 점이 그것이다. GCC는 아랍의 지정학적 조직체계로서 걸프지역의 안보환경, 더 나아가 범(汎)아랍의 안보문제, 그리고 석유와 가스 전략 및 재정적 투자 등 비(非)석유 관련 경제정책까지 챙겨갔다.

결국 국제 외교정책 등 광범위한 분야에 걸쳐 회원국들 간에 상호협력과 조정을 도모하는 국제기구로서 발전하여 오늘에 이르렀다.

GCC 경제 규모

최근 대한상공회의소가 발행한 〈한 ─ GCC FTA가 국내기업에 미치는 영향과 전략적 활용방안(182쪽 분량)〉에 따르면 GCC권역 경제 규모는 8,203억 달러(2007년 기준)로 세계 16위 수준에 랭크되었다고 발표했다.

1995년 GCC 국가들의 평균 경제성장률은 3.4%였으나 이후 급격하게 상승하여 2005년에는 7.9%를 기록하는 등 2000년 이후 7%대의 성장률을 유지하고 있다.

원유 및 천연가스 매장량

중동지역은 세계적으로 중요한 에너지원인 원유와 천연가스 매장량이 풍부하다. 세계에서 차지하는 중동지역의 원유 비중량은 물경 60%를 웃돌고 있다. 중동지역의 산유국 가운데 사우디아라비아가 가장 많은 석유를 매장하고 있는데 매장량이 2,643억 배럴로 전 세계의 21.9%를 차지하고 있다. 2006년 현재 쿠웨이트는 1,015억 배럴(8.4%)이고 UAE는 978억 배럴(8.1%)에 달한다. 이를 GCC 권역 여섯 나라를 집계해보면 원유 매장량은 4,844억 배럴로 전 세계 매장량의 45%를 차지한다.

2 GCC 그린노믹스 정서와 운영

1981년 창설한 GCC(걸프협력위원회)는 2009년 12월 15일 쿠웨이트에서 개최된 제30차 연례 정상회의에서 연합국 창설에 합의를 이루어냈다. 함께 단일통화를 출범하기 위한 통화협정도 발효시켰다(신문 게제 사진 참조).

전 세계 전체 원유 매장량의 45%를 차지하는 GCC가 결속력을 높이면서 세계에서 중동국가들의 영향력이 커질 것으로 보인다.

AFP통신에 따르면 압둘 알 아티야 GCC 사무총장은 "연합군은 지역의 안정과 안보를 지원하는 임무를 맡게 될 것"이라면서 "예멘 반군이 사우디 영토를 침범한 사례처럼 지역안보를 위협하는 사태에 연합군을 적극 개입하게 될 것이다." 라고 밝혔다.

이러한 논의는 향후 GCC권역 국가들이 그린노믹스에서 거대 시장 형성을 전제로 하고 있기 때문에 한 - FTA와도 밀접한 관계가 있고 동시에

그린 시티 건설 방향을 가늠하는 데 일조할 수 있어서 필요 이상 지면을 할애하게 되었다.

단일통화 GULFO의 도입에 관한 딜레마

이날 정상회의에서는 연합군 창설과 함께 단일통화 걸포(GULFO) 도입이 논의되었다.

무스타파 알 샤말리 쿠웨이트 재무장관은 "이번 정상회의를 통해 걸프 통화동맹 협정이 발효되었다." 라면서 "이에 따라 GCC 회원국 중앙은행장은 최종적으로 단일통화를 출범시킬 '걸프중앙은행' 설립을 위한 시간표를 짤 것이다.”라고 말했다.

올해 1/4반기 내에 발족할 걸프통화협의회는 앞으로 GCC의 중앙은행 역할을 맡아 단일통화 발행을 위해 필요한 업무를 처리하게 된다.

하지만 세 가지 걸림돌이 버티고 있기 때문에 실현하기까지는 향후 5~7년의 시간이 필요할 것이라는 중동전문가들의 공통된 의견마저 나오고 있다.

우선적으로 어느 국가가 중앙은행 창설을 주도할 것인가에 대한 의견불일치가 도사리고 있다. 둘째는 단일통화가 달러 등 특정 통화가치에 연계(페그)할 것인지에 대한 논의가 남았다. 셋째는 쿠웨이트처럼 통화바스켓에 연동하는 시스템을 택하는 일 등이다.

참고로 GCC 권역 6개국에서 쿠웨이트를 뺀 5개 회원국은 달러 페그제를 유지하고 있다. 실제로는 GCC 국가들의 자금력은 중국과 맞먹는 수준인 데다 이들이 원유 수출 결제를 달러 대신 '걸포'로 대체한다면 기축통화로서 달러의 위상은 적지 않는 타격을 받게 된다.

또 다른 딜레마

최근 GCC가 단일통화 출범에 큰 걸음을 내디뎠으나 장애물과 거쳐야 할 산이 많다. 예를 들면 당초 GCC 6개국은 2010년 단일통화 출범을 목표로 삼아 협의를 계속해 왔었지만 회원국 사이에 이견이 속출했다.

문제는 걸프통화협의회 내에서의 힘의 균형이다. 쿠웨이트 등은 세계 최대 원유 수출국인 사우디아라비아의 독주를 원치 않고 있다.

이번 협정에 4개국만 참여했다는 한계도 있다. UAE는 지난해 4월 사우디아라비아의 리야드가 향후 걸프중앙은행 소재지로 채택된 데 불만을 품고 통화동맹에서 탈퇴했다. 그리고 오만은 2015년쯤에 단일통화 출범을 만족시킬 수 있다고 일찍이 발을 뺐다. 최근 GCC 6개국은 단일통화 출범을 제외한 통상업무인 FAT에 더 적극적으로 의견을 모으고 있다.

논리를 비약시켜 보면 한국과 GCC와의 행복한 결혼식이 될 수 있는 FTA 체결은 곧 그들에게도 국가 이익과 직결되고 있기 때문일 것이다.

3 미래를 공유할 기회 요인

    통상 GCC 국가들은 이슬람이라는 공통의 종교문화를 배경으로 하고 있다. 또한 부족이라는 민족적 공통점마저 보유하고 있다. 경제적으로는 석유와 천연가스 등의 에너지 자원을 보유하는 산유국이라는 공통분모도 지니고 있다. 이러한 GCC의 동질성은 한국과 같이 대(對)중동지역 외교에 올인한 국가에게는 외교와 교역의 새로운 기회가 될 수 있는데 이는 국민성의 동질성을 이용에서 빛을 볼 수 있다. 지난해 한국이 UAE에서 수주한 원자력발 수주로 인해 이 지역의 중요성과 글로벌 위기를 겪은 이들의 오일 머니 운용에 옛날과 다르다는 점이 동질성 파악에 추가되고 있다.

경제통합에 따른 시장의 확대

기본의 개별 국가의 교역은 시장 진출과 투자 측면에서 한계를 지니고 있다. 판로와 시장 점유율에 있어 비용 대비 수요 측면에서 시장 진출의 장점보다는 단점이 많았다.

그러나 GCC 국가들의 경제 통합은 소비시장의 확대로 이어질 수 있기 때문에 많은 나라들이 이들 시장에 적극적인 통상에 임하고 있다.

경제통합이야말로 경제정책에서도 다양성을 포함시키고 있기 때문에 우리 기업의 GCC시장 진출은 다른 동맹국 국가에 비해 쉽게 적용할 수 있는 이점을 획득할 수 있는 계기가 된다.

탈석유화 정책에 따른 산업 다각화 진행

최근 GCC 국가들은 탈(脫)석유정책을 통한 산업의 다각화 정책을 펼치고 있다. 이들이 산업 다각화를 추진하면서 중동 산유국들은 상대적으로 저렴한 에너지 자원에 대한 욕구가 높아가고 있다.

예를 들면 석유화학산업과 석유정제산업 등 석유개발 연관 산업의 확장을 통해 산업다각화가 가능하다고 믿고 있다. 물론 산업다각화는 고부가가치를 꾀할 수 있다는 판단에 의해서다.

사회간접자본에 대한 지속적인 투자

지역의 대부분이 사막인 중동지역은 다른 국가에 비해 사회간접자본에 대한 투자가 부족했다.

그 이유는 이들이 이에 대한 등한시한 과거의 실적 때문에 생긴 결과일 수 있다. 그러나 최근 국제유가의 고공 상승으로 국부의 축척과 미래 석유 고갈에 대한 대비, 그리고 물 부족 문제와 국내 실업률 등의 문제로 미래에 대한 고민을 안게 되었다.

이에 대한 해결책으로 중동 산유국은 산업의 다각화를 추진하고 있으나 이를 뒷받침할 사회간접자본의 대부분이 노후되어 있다는 점에서도 지속적인 투자가 필요했던 것이다.

개발도상국가에 대한 관심 고조

과거 서구 열강들의 지배와 간섭을 받아 온 GCC 지역 국가들에게 아시아의 신흥개발도상국들은 서구의 자본주의에서 벗어날 수 있는 새로운 돌파구가 되고 있다.

우선 원유가격에 대한 서방국가들의 지속적인 압력으로 자율적인 가격정책과 생산을 하지 못해온 아랍의 산유국들은 경제적 독립을 확보하기 위해 투자와 교역의 파트너로 아시아에 눈을 돌렸다.

이에 따라 중국과 인도, 일본, 호주 등과의 자유무역협정(FTA)를 채결하기 위해 협상을 벌이기 시작했다.

대한민국은 GCC 국가와의 FTA 채결은 원유의 안정적인 확보는 물론이고 투자와 수출의 활로를 개척할 수 있다는 큰 의미가 있다. 특히 이번 아부다비발(發) 원전 수주가 기폭제가 되어 한국과 GCC 사이에 행복한 결혼식이 될 FTA는 더욱 속도를 낼 것이다.

4 산이 높으면 골도 깊은 법이다 

2001년 GCC 회원국들은 경제협약을 통해 대외경제부문에서 공동대응의 원칙을 수립한 바 있다.

이를테면 GCC 국가들은 대외무역정책의 근간이 될 자유무역협정(FTA)과 관련된 협상을 대외경제수행의 일환으로서 6개국이 하나의 권역으로 묶어 추진하기러 발표했다.

그러나 2004년 바레인이 미국과 개별적으로 FTA를 체결하였다. 이후 UAE와 오만 등이 역외국가와 개별협상을 추진함으로써 GCC 회원국가 간의 갈등이 심화되고 있다.

이는 GCC 회원국들이 자국의 이익에 유리한 방향으로 정책을 결정한다 해도 강하게 제재를 가할 조직이나 제도적 장치가 미비하기 때문이다.

의사결정이 회원국 모두의 만장일치로 이루어진다는 점도 통일된 정책의 수립을 어렵게 한다. 산이 높으면 골도 깊기 마련이라는 세상의 만고 진리가 여기에도 통한 대목이다.

결국 국가별 FTA 추진과 GCC중앙은행 설립 지연, 단일통화 추진이 지연되는 것도 여기에서 비롯됨을 알 수 있다.

결국 효율적인 경제외교를 추진할 우리에게는 최우선적으로 GCC 회원 국과의 관계 향상과 FTA협상의 효율성을 위해서 GCC를 대상으로 FTA 를 추진하고 있다는 점에서 이들의 동향을 예의주시해야만 한다.

인플레이션의 지속

GCC 지역의 경우 원유가격의 급등은 오일 머니의 유입의 가속화와 더불어 달러화의 약세에 의해 낮은 금리의 지속이 진행되고 있다.

결국 투자와 소비의 증가로 이어지면서 물가상승률이 높아지고 있다. 바로 이점이 GCC 국가들에 지속적인 발전에 위협요인으로 작용하고 있고 동시에 이 지역의 한국 수출에게도 위협요인이 된다. 소비자물가 매년 5%씩 상승하는 것이 이를 간접증명하고 있다.

높은 실업률과 외국인 노동력 의존에 따른 위험성 증가

GCC 지역의 전체 인구 가운데 약 63%가 외국인이다. 이 가운데 외국의 노동력 비중은 75%에 달한다. 각국 정부의 자국민 인구 증가정책과 문화적 특성으로 인해 걸프지역의 인구증가율은 세계에서 가장 높은 수준을 보이고 있다. 그럼에도 불구하고 새로운 일자리는 늘어나지 않고 있다. 따라서 청년층 실업문제는 심각한 사회적 이슈로 발전하고 있다. 이를 위해 기업이 현지인 채용을 기피하고 있기때문에 현지인의 생산성이 외국인에 비해 낮은 것에 기인한다.

또한 사무직종이 아니면 현지인들이 취업을 기피하는 현상이 지속되고 있다. 이러한 요소가 국가 발전의 걸림돌이 되고 있다.

아랍 주변국가들로 인한 정치 · 경제적 불안의 지속

옛날부터 GCC 지역은 정치와 경제적 측면에서 전통적으로 불안정성을 내포하고 있다. 1960년대 이후 이스라엘과 중동국가들의 관계를 비롯하여 이란과 측면크의 갈등과 측면크의 쿠웨이트 침공이란미국과 측면크 전쟁 등 지속적으로 전쟁의 광풍에 직 · 간접적으로 연루되어 항상 분쟁의 위험이 도사리고 있다.

경제적 측면에서는 기존의 자원 의존적이고 수입에 의존하는 경제적 특성 때문에 국제유가 변화에 따라 경제의 성장이 좌우되어 왔다는 점이다.

GCC 국가정부 주도의 경제체제

GCC 지역 경제에서는 정부의 경제적 역할과 비중이 매우 높다. 우선 GCC 지역에서는 정부의 경제개입이 광범위하고 공공부문의 비중마저 상대적으로 매우 높다. 이러한 현상은 석유의존적 경제구조의 직접적인 결과라고 보는데 GCC 지역 정부는 모두 분배국가(Allocation State), 또는 지대수입형 국가(Rentier State)의 성격을 가지고 있음에서 기인한다. 정부가 석유나 가스 등 천연자원을 판매하여 그 이익을 국민에게 분배하는 것이다. 유전자원을 직접 개발하거나 관리와 판매를 통해 벌어들이는 수익을 보조금의 형태로 국민에게 배분하는 것이 정부의 역할이 되어 왔다. 여기다가 공공 서비스를 제공하고 인프라를 확충하는 데서 국민들에게 일자리를 보장하는 역할까지 떠맡고 있다.

이러한 정부의 과보호 및 과도한 경제적 개입은 결국 정부 실패를 낳을 뿐 아니라 궁극적으로는 민간부문의 성장을 위축시켜 경제의 활력을 저하시키는 결과를 가져오는 것으로 평가 받았다.

이러한 평가를 기초로 모든 걸프지역 국가들이 최근에는 정부의 비중을 줄이고 민간부문을 활성화시키기 위해 노력하고 있다.

각종 국영기업의 민영화와 외국인 투자 유치 등이 그 대표적인 사례라고 할 수 있다. 하지만 산이 높으면 함께 골도 깊다는 점에서 미뤄보아도 리스크 관리의 개선은 단기간에 성과를 거두기는 어렵다는 게 중동전문가들의 공통된 의견이다.

5 행복한 결혼식은 미래의 약속과 발전으로 빛을 발하다

각국의 자국 산업보호를 위한 잦은 '암투'에도 불구하고 자유무역이 확산되는 이유는 소비자에게 돌아가는 이득이 많기 때문이다.

지난해 체결된 한국과 유럽연합(EU) 사이의 자유무역협정은 향후 유럽산 고급 자동차와 와인의 가격이 떨어질 여지가 생기게 되었다.

이러한 여지는 FTA의 궁극적 이득으로 이해될 수 있고 동시에 행복한 결혼식의 웨딩마치처럼 미래가 밝다는 의미도 함께 지닌다.

FTA 시대 · FTA 러시

지난 2002년 칠레와의 FTA를 맺은 이래 지금까지 한국은 미국과 EU,

동남아국가연합(아세안)과 인도 등 전 세계 44개국과의 FTA 협상을 체결했거나 협상을 타결했다. 이로써 한국의 'FTA 동맹'은 지역적으로는 미국·유럽연합·아시아를 망라하면서 선진국 – 개발도상국가 – 브릭스(BRICs)를 연결하는 광범위한 틀을 가지게 되었다.

한국은 올해에는 캐나다와 함께 GCC와도 FTA에 박차를 가할 것으로 예단된다. 특히 GCC 지역은 구각을 깨고 녹색성장을 범국가적 미래전략으로 삼기 시작한 점에서 우리의 관심은 상대적으로 다른 나라에 비해 높을 수밖에 없다.

코펜하겐 시대에서 중동산유국과의 행복한 결혼이 되기 위해서는

코펜하겐 시대를 열고 있는 세계는, 특히 그린머니를 선택한 중동 산유국의 집중적 녹색성장에서 향후 한국과 GCC 국가와의 FTA 체결은 미래지향적임과 동시에 발전적 단초가 된다.

이미 UAE와의 원전 수주가 이루어진 마당에 이명박 정부가 지향하는 '저탄소 녹색성장'은 이 지역에서 새로운 국제무역의 시대로의 진입을 뜻한다.

문제는 약속과 실천이다. 가능하면 규모의 경제를 이루기 위해 GCC 권역 6개국을 함께 안고 품어야 한다. 결론부터 얘기하자면 돈이 되기 때문이다. 요르단 연구용 원자로 수주를 비롯하여 UAE 원전 2기 수주와 터키의 러브콜은 이명박 대통령의 소회에 잘 나타나 있다. "국가적 천운이자 국가적 국운이다."

이를 위해 그린머니를 선택한 중동 산유국과의 행복한 결혼은 시대적 소명으로 인지할 필요가 생겼다.

하나, 미국발 글로벌 금융위기를 겪으면서 그 좋던 세계경제가 둔화되거나 성장이 더디어지고 있는 작금의 글로벌 경제에서의 해외시장 다변화 정책은 외국인 투자의 촉진제에 해당된다. 때문에 그 어느 때 보다 그 필요성이 어느 때보다 커지고 있다. 여기에 한-GGC 사이의 FTA 체결이

이루어지면 녹색성장산업을 통한 '제2의 중동 특수'가 가시화될 수 있다.

둘, FTA 체결을 통해 한국은 안정적인 에너지 자원의 확보에 그치지 않고 시장 다변화 효과에 의해 어려워진 수출 환경을 개선할 수 있다.

셋, 중동산유국의 막대한 오일 머니를 국내에 유인하거나 활용할 수 있다면 한-GCC 간의 FTA 효과는 그야말로 배가 될 수 있다는 사실이다.

넷, 고유가 지속으로 중동 산유국들은 최근 빠른 속도로 경제가 발달되고 있기 때문에 이들 시장에서의 외국과의 경쟁은 심화되고 격렬하게 진행되고 있다.

아무리 포장하고 미화해도 중동 산유국 사이에서 한국경제의 위상은 건설과 플랜트에 치중되어 있다. 하지만 녹색성장의 기대주인 원자력발전과 스마트그리드 등이 중동에서 국가경쟁력을 지니고 있기 때문에 국가는 국가대로 기업은 기업대로 각개전투(各個戰鬪)하는 모습으로 전열을 갖추어서 새로운 시장 다변화를 이루어 낼 수 있다.

다섯, 녹색성장의 아이템으로 중동 산유국가와의 행복한 결혼식이 거행되면 교육과 문화, 정보통신과 과학기술 등 다방면에 걸친 교류 네트워크가 형성될 수 있다. 이를 경제교류로서의 가치와 의미로 각인시켜 이명박 정부가 필요한 오일머니 유입에 관한 자본교류까지 지향하는 멀티프레이어가 되는 국가 · 기업 · 소비자로의 발전적인 변신을 기대해 본다.

나는 제 5장에서 기술하면서 처음부터 자료원(資料源)을 밝혔다. 나의 주관적 관점보다는 전문가적 객관성을 높이 사고 있음에서 비롯된 하나의 외길통행을 고수한 결과다.

무엇에 우선하여 객관성 확보와 팩트(fact)의 제시만이 힘이 있고 많은 독자의 공감을 유발하는 단초로서 작용함을 믿기 때문인지 모른다.

PART **6** | A New Global Green Player

1 미국 데소토 차세대
태양에너지 센터의 선파워

어느 산업이든 어떤 분야이든 어느 계층이든 국경과 동서의 구분없이 1등 기업이 있기 마련이다. 이를 우리는 초인류기업으로 부르고 경이로운 눈으로 존경까지 보낸다. 우리는 산업혁명 이후 초인류기업들의 명암(明暗)을 지켜보면서 1등을 유지해나가는 일이 말처럼 쉽지 않고 또 창업(創業)보다 더 수성(守成)의 길이 순탄하지 않음도 잘 알고 있다.

글로벌 영역도 마찬가지 원리가 적용된다. 글로벌 기업의 세계에서 다국적 기업인 GE는 '지존의 1위'로 일컬어진다.

세계 풍력발전의 '넘버 1'의 자리를 지키고 있는 베스타스(Vestas)는 현재 녹색성장산업의 수퍼스타로 대접받고 있다. 이를 우리는 글로벌 플레이어(Global Player)라고 부르고 있다.

GE의 자랑, '인재의 산실' 뉴욕 주 크로톤빌 연수원

미국 뉴욕 맨해튼에서 북쪽으로 자동차로 1시간 거리에 위치한 GE의 싱크탱크 크로톤빌 연구소.

이 세계적인 연구소는 올해로 60년의 역사를 지니고 있다. GE의 명성 뒤에는 이런 지적양성의 인재 산실이 있다. 매년 1만 명 이상의 GE 식구가 크로톤빌을 거쳐서 간다. 그냥 거쳐서 간 것이 아니라 세계 32만여 직원 가운데 엄격한 심사를 거쳐서 연구 기회를 얻는다. GE가 크로톤빌에 쏟아 붓는 1년 예산만 10억 달러에 달한다. 가히 천문학적인 인재투자라 해도 과장만은 아닐 것이다. 1950년대 초에 설립된 GE 크로톤빌은 1981년 잭 웰치 회장이 취임하면서 GE의 핵심인재를 배출하는 곳으로 키웠다. 지금까지도 GE는 크로톤빌을 통해 핵심 인재들에게 회사의 경영철학을 전파하고 이들이 연수 과정에서 제안하는 사업 아이디어를 곧바로 경영 아이템으로 반영시키고 있다.

중동 산유국에서 GE의 뒷심

내가 이렇게 필요 이상 GE를 과대포장하고 있는 것은 개인적인 판단이 아니라 중동지역 전문가들의 한결같은 평가에 기인하고 있다. 어쩌면 기업의 명성은 사람에 의해 사람에 의한 결과물이어서 인재 산실을 배제하고는 세계적인 GE와 같은 수퍼 파워를 이해할 수 없다는 지적을 믿었기 때문인지 모른다. 게다가 그린머니를 선택한 중동 산유국을 제대로 파악하는 데 있어서 글로벌 플레이어의 전략과 전술에 대한 이해가 없다는 것은 나침반 없이 항해에 나서는 선박과 같다. 그러나 GE는 너나없이 익히 알려진 글로벌 기업이다. 이를 극대화시킨다면 이 책의 지면을 확대하기 위한 내 촌스러움을 보이는 경우에 해당될 수도 있다.

그래서 이 모순점을 벗어나기 위해 제6장의 주제어에 'New'라는 단어를 추가시켜 차별화성과 개연성을 살렸다. 다른 오해가 없기를 바란다.

데소토 차세대 에너지 센터

2009년 10월 27일.

지금과 같은 녹색성장 사회로의 진입을 가시화시킨 버락 오바마 미국 대통령은 플로리다 주 아카디아에 위치한 데소토 차세대 에너지 센터를 찾았다. 리처드 스완슨이 창업한 세계적인 미국 태양전지 메이커 선파워(Sunpower)가 건설한 미국 최대의 태양광 발전소이다.

오바마 대통령이 9만 개의 태양전지판 앞에서 웃옷을 벗고 하얀색 와이셔츠에 주홍색 넥타이를 매고 서 있는 비주얼은 지금도 녹색성장산업 소개에서 끊임없이 CNN에 소개되는 화면에 하나다.

이 발전소는 오바마 대통령이 여기서 미국의 클린에너지 프로젝트를 발표했던 곳이라서 더 유명하다. 물경 81억 달러 규모의 미국 그린 뉴딜의 발표가 여기에서 이루어졌다.

이렇게 필요 이상 긴 설명이 필요한 것은 곧 GE 대신 글로벌 그린 플레이어에 등극한 선파워를 소개하기 위한 집필의 트릭이 필요했기 때문이다.

선파워의 위상

신재생에너지 권위지인 독일 포톤인터내셔널에 따르면 2008년 기준으로 세계 최대 태양전지 메이커는 독일의 큐셀이며, 미국 퍼스트솔라와 중국 선텍이 그 뒤를 잇고 있다고 보도했다. 리처드 스완슨의 선파워는 9위에 랭크되었다(2008년 매출액은 14억 달러).

한국 한 언론에 따르면 선파워의 핵심기술은 후면 전극(電極) 태양전지이다. 일반적으로 태양전지는 실리콘 결정판 위아래로 금속 전극이 붙어 있다. 선파워는 모든 전극을 실리콘층 아래로 모은 새로운 전지를 개발하여 상용화에 성공한 기업이다. 예를 들면 햇빛이 실리콘에 닿으면 전류가 발생해 전극으로 흐른다. 기존 전지는 햇빛 일부가 실리콘에 닿기 전에 전극에 부딪혀 반사되지만 선파워의 후면 전극 전지는 이런 손실을 없앴다는 장점이 있다. 덕분에 타사의 태양전지가 태양에너지의 13% 정도를 전기로 바꾸는 데 비해 선파워 제품은 19%로 발전 효율이 세계 최고다.

선파워는 태양전지 제조에 그치지 않고 원료 공급에서 설치까지 수직계열화된 기업 구조를 이미 갖추었다.

선파워 CEO 스완슨의 성공 비결

스완슨 회장의 성공 비결은 세 가지로 요약할 수 있다. 첫째는 실패를 두려워하지 않고 늘 도전한다는 것이고, 둘째는 좋은 국내외 네트워크를 구축하고 있는 것이다.

마지막 그는 새로운 기회를 보는 눈을 가지고 있다. 예를 들면 선파워는 스마트 그리드(Smart Grid)를 통한 분산형 태양광 시스템의 상용화였다. 스마트 그리드는 기존 전력망에 IT를 접목해 소비자가 사용한 전기의 양과 요금을 실시간으로 알려주는 시스템이다.

한국 기업과의 밀월과 훈수

선파워는 최근 한국에 대한 투자를 확대하고 있다. 2006년 9월 웅진코웨이와 합작해 단결정 실리콘 잉곳(태양전지 원료) 제조 합작 법인인 웅진에너지를 설립해 운영 중이다.

스완슨 회장은 최근 한국을 방문해서 그다운 조언을 했다.

"한국은 중동지역 사막지대와 달리 태양광 발전에 적합한 땅이 우선 없다. 따라서 한국은 태양에너지 단독보다는 다른 에너지와 결합한 '에너지 제로 하우스(에너지 소비가 없는 주택)' 개념이 중요하다고 본다."

지붕에는 태양전지판을 설치하고, 단열재 성능을 높이며 지열 에너지 등 다른 신재생 에너지와도 함께 사용한다면 전기를 소비하는 만큼 생산

이 가능한 주택을 만들 수 있다고 제시했다.

특히 한국은 반도체 신화를 일군 신화의 주인공답게 태양광산업에서도 경쟁력을 갖출 수 있다는 훈수까지 보탰다.

내가 선파워를 중동지역의 최강자 GE 대신 '뉴(new)'의 단어를 차용해서 소개한 것은 기후변화 시대의 주인공으로서 크게 한 자리를 차지할 것이 예단됨과 무관하지 않다.

세계 최초의 제로카본시티 마스다르가 최근 선파워를 주목하고 있다는 점이 밝혀졌기 때문이다.

2 그린 아이디어 보고인 네덜란드 에컨선그룹

초인류기업은 유명한 기업답게 자기에 맞는 옷을 입기 마련이다. 이게 산업혁명 이래 기업의 세계에서 끊임없이 이어져 내려온 하나의 불문율(不文律)이 되었다.

코펜하겐 시대, 이를테면 기후변화 시대에서도 이러한 변화와 변신은 전세계에서 어김없이 하나의 전통으로 발전될 조짐이 보인다.

다시 언급하지만 세계 녹색성장산업의 초인류기업으로 등극된 베스타스와 큐셀 등에 도전장을 내민 새로운 슈퍼스타의 탄생은 이제 시작에 불과하다.

비록 '뉴' 라는 단서가 붙지만 군웅할거(群雄割據)가 판을 치는 기술의 세계(또는 융합의 세계)에서 1위 등극은 시간의 문제로 파악되고 있다.

선파워는 녹색성장의 트렌드를 간파하고 기업화한 까닭에 초일류기업으로 발전하였다. 전 세계, 관련 기업들로부터 벤치마킹 대상이 되었다면 녹색성장의 아이디어를 기업화시켜서 매년 100% 성장률을 기록한 기업이 여기에 있다.

선파워의 미국에서 정반대편인 유럽의 네덜란드가 배출한 네덜란드의 에컨선그룹(Econcern Group)을 두 번째 주인공으로 등극시켜 보자.

그린 아이디어 = 돈

우리가 네덜란드하면 먼저 떠오르는 이미지는 어떤 것일까. 어떤 단어가 기억될까. 모르면 몰라도 풍차(Windmill)가 아닐까 싶다.

같은 의미로 녹색성장산업에서는 LED 부문 필립스일 것이다. 여기에 네덜란드 풍차의 이미지를 그대로 닮은 에컨선그룹을 배제하기 어렵다. 왜냐하면 '그린 아이디어 = 돈' 이라는 등식을 제안하고 있다는 점이 그렇고 그린 머니를 선택한 중동산유국에게서 벤치마킹 기업으로 선정됨이 더욱 그렇다.

에컨선그룹의 녹색성장 아이디어에서 독보적인 것 두 가지만 살펴보자. 첫째, 이노그로(Innogrow)인데, 새로운 개념의 비닐하우스로 연료비용을 획기적으로 줄일 수 있는 것이 특징이다. 비가 오면 집수시스템을 통해 재활용할 수 있게 하고 비닐하우스 외장은 태양광발전마저 가능하게 제작해 화석원료가 없이도 재배가 가능하게 했다.

하우스 내 온도와 습도, 이산화탄소 배출을 적절하게 조절시킨 다음 물 사용량은 90% 줄이고, 해충피해도 90% 줄인 반면 생산량은 25% 늘어나게 된다는 것이 회사측 설명이다. 다른 하나는 어번 터빈(Urban Turbine)이다. 중소형 빌딩에 적용되는 소량 풍력발전 시스템을 일컫는다.

우선 건물과 건물 사이에서, 도로와 도로 사이에서 조금만 바람이 불어도 전기를 생산하게끔 시스템을 작동시킨다.

우리의 상식으로는 풍력발전은 주로 바람이 많이 부는 바다일 수 있지만 도시 한 가운데서 발전을 한다는 것 자체가 신선한 그린 아이디어에 속한다.

모두를 위한 지속가능한 에너지 – 컨설팅부터 태양광발전까지

네덜란드 암스테르담에서 자동차로 30분 정도 거리에 위치한 도시 위트레흐트가 자리를 잡고 있다. 이 도시에 그린 아이디어 산실이자 그린 아이디어의 보고인 뉴 그린 그룹(New Green Group) 에컨선그룹이 버티고 있다.

그룹 목표마저 '모두를 위한 지속가능한 에너지의 제안' 으로 삼고 있는 것부터가 남다르고 차별성 확보에도 그만이다.

올해로 창업 26년을 맞고 있는 에컨선그룹은 지난해 21억 3,400만 유로의 매출고를 자랑하고 있다.

1984년 설립 당시 3명에 불과하던 에컨선그룹은 이제 1,200명을 거느리고 있고 유럽연합 국가는 물론 미국과 중국까지 영업력을 넓히고 있다.

에컨선그룹은 그린 그룹답게 에너지 컨설팅업무부터 태양광 발전까지 수식계열화를 이루고 있다. 이미 신재생에너지 컨설팅 회사 에코피스를 비롯하여 모두 5개 관련기업을 그룹화시키고 있다. 모든 조명 생산과 시설을 수직계열화시킨 필립스처럼 말이다.

- 에코피스(신재생에너지 컨설팅 회사)

- 에코스트림(신재생에너지 시스템 관리 회사)

- 에벨롭(각종 에너지 프로젝트 개발회사)

- 에코벤처스(신재생에너지 관련 벤처 회사)

- 원카본(이산화탄소 배출 관리 회사)

그린 비즈니스에서 대박 아이템이 된 에너지 미러

에컨선그룹의 대박 아이템으로는 단연 '에너지 미러(Energy Mirror)'를 꼽는다. 에컨선그룹이 출시한 에너지 미러는 신재생에너지 사업에 있어서 생산성이 높은 아이디어(생각의 다른 표현)의 중요성을 잘 알려주는 대표적인 예이다. 에너지 미러는 실시간으로 전기 소모량과 신재생에너지 생산량 등을 계산해서 알려주는 전광판으로 보면 된다.

에코피스는 스스로 그린 아이디어를 현실화와 실천력을 조합시킨 회사로 유명세를 얻고 있다. 각종 정부나 시민단체(NGO), 그리고 관련기업을 상대로 에너지 효율을 높이기 위한 정책 조언과 정책을 제안해서 그린 비즈니스에 괄목한 이익 성적표를 얻어내고 있다. 실제로 영국과 네덜란드

정부의 에너지 정책과 이산화탄소 거래에 대한 컨설팅을 수행한 경험과
실적을 가지고 있다.

신재생에너지의 삼위일체(Trias Energetica)

에컨선그룹은 자신들의 신재생에너지 차원의 그룹 전략을 한마디로 신
재생에너지 삼위일체로 규정하고 있다.

친환경 건물을 통해 에너지 소비를 크게 줄이고 신재생에너지를 사용하
며 기존 화석연료는 가장 합리적인 방법으로 사용한다는 것이다.

에컨선그룹은 이러한 세 가지 원칙으로 그린 컨설팅 업무에 임하고 있
고 동시에 에너지의 합리적인 소비와 이산화탄소 배출량을 절반 이하로
줄이려는 노력 등에 관한 에너지 개선 삼위일체를 구체화시키고 있다.

에컨선그룹의 다른 그린 아이디어 제시

최근 에컨선그룹은 기존 건물을 '제로카본빌딩'으로 재탄생시키는 일
에 핵심역량을 모으고 있다.

우선적으로 지난해 8월부터 신축하고 있는 에컨선그룹 본사 사옥에 이
를 적용하고 있다. 태양을 향해 기울어져 있는 건물 외관의 전체가 태양열
발전을 할 수 있게 만들고 있다.

에컨선그룹 관계자는 "우리 신사옥은 제로카본빌딩을 지향하면서도 직원들 생산성은 최대로 높일 수 있는 개념으로 건설되고 있다." 라면서 "신재생에너지의 성지(聖地)로서 네덜란드 새로운 관광자원이 될 수 있는 수준의 관공명소를 지향하고 있다."라고 말했다.

이러한 개념 정리와 실천력은 리처드 스완슨 선파워 회장의 '에너지 제로 하우스' 개념과 매우 닮은꼴이다.

에컨선그룹은 유럽인들이 거주하는 집이 모두 1970년대 이전에 지어진 낡은 건물이기 때문에 열효율이 크게 떨어지고 있다는 점에 착안하여 '리빙 플러스 플러스(Living ++)' 계획을 통해 에너지 소모는 줄이고 효율이 높은 시스템 제공으로 커버할 수 있다고 판단하여 여기에 그룹 차원의 핵심역량을 쏟아 붓고 있다. 따라서 네덜란드가 탄생시킨 에컨선그룹의 명성과 기업적 발상력은 우리 모두에게 귀감(龜鑑) 이상의 가치와 의미가 있는 것이다.

3 원자력발전의 다크호스 유틸리티 한국전력

'한국전력(KEPCO)은 한국정부가 세운 유틸리티입니다. 세계 3대 핵에너지 사업을 2008년 기준으로 17,716MW로의 용량을 기록하고 있습니다.

2030년까지 20개 원자력발전소를 건설할 것입니다. 또한 한전은 세계적인 리더로서, 그리고 안정성과 효율성 공장으로서 세계 원자력협회(WANO)에 의해 발전소 운영의 안정성을 평가받았습니다.

한국전력은 삼성, 현대, 두산중공업 등 한전 팀의 다른 국내 팀의 도움으로 UAE 민간 원자력 프로그램의 엔지니어링, 조달, 건설, 핵연료 및 유지 보수 등 지원을 위한 작품과 서비스의 전체 범위를 제공합니다. 다른 나라 파트너로는 미국의 웨스팅하우스와 일본의 도시바가 포함됩니다.'

위의 기사는 2009년 12월 27일자 〈걸프뉴스〉에서 발취한 내용이다. 헤드라인은 'UAE, South Korea sign nuclear deal to build plant in the UAE '.

〈걸프뉴스〉의 아메드 A. 나마타라(Ahmed A. Namatalla) 기자가 실명
으로 내보낸 기사의 번역본이다.

유틸리티 한국전력과 여러 가지 협력 기대

내가 신문매체 이름과 함께 기자의 실명까지 밝히는 이유는 두 가지이
다. 하나는 한국이 아닌 중동산유국 독자에게 낯설기만한 한국전력
(KEPCO)에 대한 이해를 넓히게 하기 위한 기사에 어떤 시각으로 한전을
바라보고 있는지를 알 수 있다.

다른 하나는 UAE가 한전을 원자력발전소 수주에서 가장 핵심적인 선
택 이유를 안정성 확보에 두고 있다는 점을 알리기 위해서다.

UAE가 한국전력이 주도한 코리아 컨소시엄에게 건설부문의 계약금액
미화 200억 4,000만 달러(Dh 75billion) 계약을 지켜본 기자의 로포다.

특히 계약서에 직접 서명한 세이크 압둘라(Shaikh Abdullah) UAE 외
무장관의 코멘트는 압권에 속한다.

"평화적 핵에너지에 대한 아랍에미리트와 한국 간의 협상은 고급으로
처리해 두 개의 정부가 다양한 분야에서 공동협력을 위한 큰 잠재력을 발
견했다(discovered the huge potential for joint cooperation in various fields)."

47조 원 UAE 원전을 따냈다

"한국전력이 주도하는 컨소시엄이 UAE가 발주한 400억 달러(약 47조 원) 규모의 초대형 원자력발전사업 프로젝트를 따냈다.

UAE 원자력공사는 27일 오후 2시 15분(현지시간) 한전 컨소시엄이 원전 사업 프로젝트의 최종 사업자로 선정되었다고 발표했다.

원자력공사 측은 "한전 컨소시엄이 입증한 세계적 수준의 안정성과 운영능력에 깊은 감동을 받았다"고 선정 이유를 밝혔다. (중략)

이번 원전사업 수주는 1,400MW급 한국형 원전 4기의 설계와 건설은 물론 준공 후 운영지원과 연료공급을 포함한 일괄수출 계약으로 플랜트와 건설 등을 통틀어 한국의 해외사업 수주 역사상 최대 규모다. 종전 기록이었던 리비아 대수로 2단계 공사 수주액(63억 달러)의 6배 이상이다. 건설 계약부문만 약 200억 달러이며, 원전 건설 이후 60년 동안 운영지원 참여를 통해 추가로 200억 달러의 수주가 예상된다. 이는 쏘나타 승용차 200만 대 또는 초대형 유조선(30만 t급) 360척을 수출하는 금액과 맞먹는다. 신규 고용 창출 효과도 원전건설 기간인 향후 10년 동안 11만 명에 이를 것으로 추산된다고 정부와 한전 측은 설명했다

(〈동아일보〉 2009.12. 28일자)."

나는 필요 이상 이 부분을 길게 기술하고 있다. 이 역사적 계약의 의미만큼 UAE 측의 시각과 함께 한국 측 시각을 대비시켜 의미의 깊이를 더하려는 욕심에서이다. 또한 이 단행본이 곧 영어로 출판되면 이런 집필

의 트릭이 보다 중요해질 것이라는 나의 판단과 함께 출판사의 제안이
조합된 이유도 도사리고있다.

아레바 + 레 제코

같은 의미에서 이번 원자
력발전 사업에 관한 히든 스
토리는 한국에서는 이미 잘
알려졌고 인구에 갈수록 회
자되어진다.

하지만 이 단행본이 영문
판으로 나왔을 경우 그린 머
니를 선택한 중동 산유국 독
자에게도 필요한 얘기거리
가 분명하다.

이번 수주전에서 경쟁관계
였던 프랑스 아레바 컨소시

엄을 자세하게 보도한 프랑스를 대표한 경제신문 〈레 제코(Les echos)〉
에게도 잘 알려진 사실까지 함께 전하고 싶었기 때문이다.

히든 스토리가 히든 결과를 낳고

원인이 없는 결과가 없기 때문에 그 과정에 대한 조사와 연구는 히든 스토리의 골격을 이룬다.

건국 이래 최대의 이번 원전 첫 수주는 그 규모만큼 히든 스토리가 넘쳐난다. 다시 재구성해 읽어보아도 그 의미는 퇴색이 아닌 갈고 닦아야 하는 보석으로 비치기도 한다.

2009년 5월 어느 날.

이번 원전 수주를 주도했던 한전은 코리아 컨소시엄이 입찰사전 심사를 통과하자 서울 삼성동 본사 지하 2층 445㎡ 규모에 80여 명이 수주본부를 차리고 정보를 모으며 입찰준비를 서둘렀다.

전쟁에 임하는 각오로 달려들어 사업을 따내겠다는 뜻에서 '워룸(War Room)' 이라고 불렀다. 원전 수주에서 가장 큰 장점은 수출경험의 실적이다. 그러나 아직까지 한국은 해외실적이 없어 그동안 미국과 프랑스에 항상 밀리기만 했다. 항상 뒷전만 지키는 형국이 계속되었던 것이다.

당시의 시대 상황을 국내 한 언론매체는 이렇게 보도하고 있다. 헤드라인조차 '한국 원전 첫 수출 요르단? UAE?(〈동아일보〉 2009. 6. 2일자).'

당시로서는 상용 원전 수주는 고사하고 연구용 원자로 수주 경쟁에서도 호주와 태국, 그리고 네덜란드가 발주한 발주 입찰에 참가했으나 실패라는 고배를 마신 뒤 이번 요르단 교육용 원자로 수주성공은 '3전 4기' 의 신화로 기록된다. 하지만 이번 UAE상용 원전 수주는 교육용 원자로 수주와 규모면에서 상대가 되지 않는 그야말로 맘모스급이었다. 함께 심사를 통과한 경쟁 상대는 프랑스 아레바 컨소시엄과 미국 GE-일본 히타치 컨소시엄으로 삼파전 양상이었다. 이들에 비해 코리아 컨소시엄은 기술력이 뒤떨어지지 않고 가격 경쟁력은 앞선다는 판단도 가세했다.

막상 뚜껑을 열어보니 예상과는 달랐다. '외교력' 이라는 변수가 있었다. 아니 외교력에다 더 다른 알파가 필요했다. 미국은 막강한 외교력을 집중시켜 UAE 최고층을 설득했다. 프랑스는 지난해 5월 니콜라 사르코치 프랑스 대통령이 직접 UAE를 찾아 원전 수주전에 힘을 보탰다. 때문

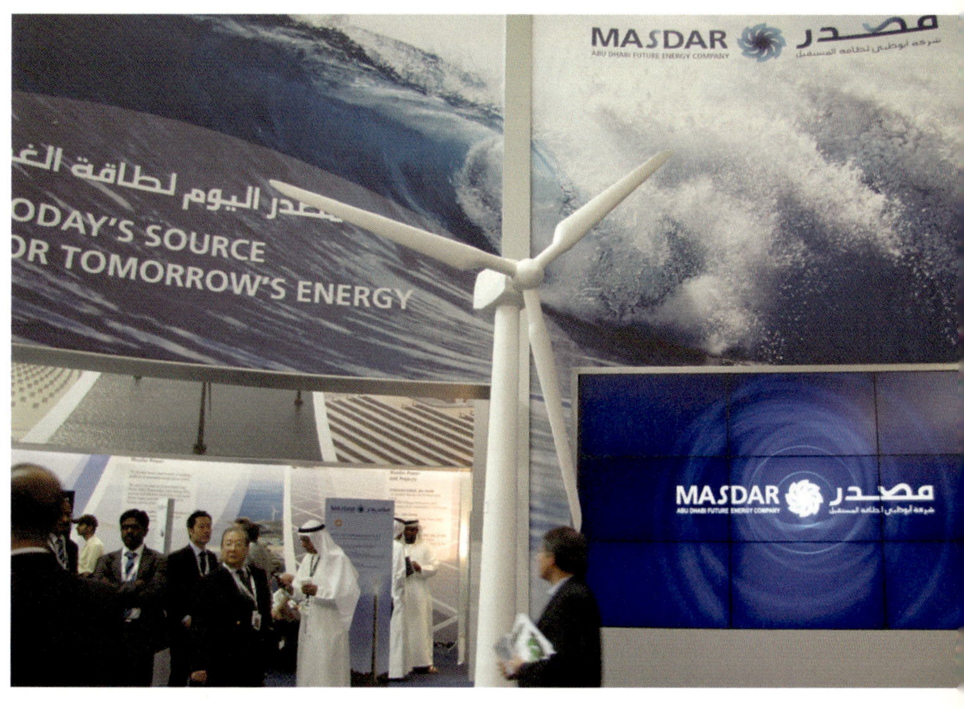

에 판세는 더욱 안갯속으로 빠져들었다. 결국 9월 예정이었던 우선협상대상자 발표는 미국 탈락과 함께 프랑스 아레바와 한국의 두 컨소시엄으로 압축되었고 연말로 미뤄졌다. 다시 피를 말리는 수주전이 이어졌고 UAE는 외교채널을 통해 레이저빔을 이용한 항만 방어와 조종사 양성지원 등을 희망했다. 그것도 수용했다. 여기다가 코리아 컨소시엄에게 행운이 찾아왔다. 크게 다섯 가지로 파악된다.

첫째, 지금까지 한·UAE 두 나라가 쌓아온 경제교류가 작용했다. 한국은 UAE에서 일본에 이어 두 번째로 원유를 많이 수입한 국가다.

2008년도 기준해 UUAE는 한국에 165억 달러 상당의 원유를 수출했고 반면 한국이 UAE에서 따낸 해외 플랜트 총 규모는 150억 달러에 달한다.

둘째, 이번 글로벌 금융위기를 겪으면서 달러화 약세가 이어졌고 결국 '1유로 = 1.5달러'라는 유로화 초강세가 프랑스의 수주 가격경쟁에 불리하게 작용하기 시작했다.

셋째, 아부다비의 실력자 크라운 프린스 마호메트 왕세자의 한국 사랑을 배재하기 어렵다. 그에 집무실 조명공사를 국내 한 업체에게 맡기는 등 한국에 매우 적극적으로 대접한 장본인이었다. 이번 대통령 특별기에 직접 환영인사로 나오는 열성마저 보였다.

넷째, 이명막 대통령의 원스톱 세일즈외교가 결정적인 외교 변수의 파고다섯째, 현지 대사관과 현지 교민 등 보이지 않는 인맥관리가 작동된 프리미엄의 동원 등이다.

마스다르가 요구하는 스마트그리드

올해 1월 18일 ~ 21일에 아부다비 국제전시장에서 열린 '세계 미래 에너지 회의(World Future Energy Summit 2010)'에서 화두는 단연 한전 원전 수주 성공이었다. 세계 최초의 제로카본시티 제벨 CEO는 최고 의미인 엄지손가락을 치겨세우는 제스처를 반복했다. 그리고 보도자료 형식을 통해 한국의 스마트그리드에 관한 조사와 협업을 주문하기 시작했다.

한전은 '2030년까지 스마트그리드 인프라스트릭처 구축에 2,400억 원을 투자해 신재생에너지 전력 계통의 연계 기술을 선점하고 글로벌 표준을 만들어 가겠다고 발표한 일이 있다. 한전은 지난해 8월 제주시 구좌읍에서 스마트그리드 통합 실증단지 기공식을 치렀고 향후 6,000가구에 이를 적용할 것으로 알려졌다.

이미 준비는 시작했고 이를 글로벌 그린마켓에 최고의 승자가 되기 위해서도 그린 테크놀로지 개발 속도와 표준 제정에 더 많은 노력과 고민이 필요하다. 이를 가시화시켜야만 제6장에서 소개한 미국의 선파워와 네덜란드 에컨션그룹과 함께 한국전력도 글로벌 그린 뉴 플레이어로의 등극을 보장받게 될 수 있을 것이다.

다시 반복해 한국전력이 주도한 코리아 컨소시엄의 UAE 원전수주 성공에 찬사와 박수를 아끼지 않았음은 물론이다.

PART **7** | **중동 산유국에서 그린 코리아의
비즈니스 진출 전략**

1 세계는 지금
원자력 헤게모니 싸움

2007년 9월, 아시아·태평양경제협력체(APEC) 정상회의가 열린 호주 시드니.

이곳에서 은밀하게 호주와 러시아 정상이 모였다. 당시 러시아 대통령이었던 블라디미르 푸틴 러시아 대통령과 존 하워드 호주 총리가 호주산 우라늄을 러시아로 수출하겠다는 내용을 담은 협정문에 서명하기 위해서다.

당시 행사는 주목에서 벗어나 있었지만 러시아는 막대한 호주산 우라늄을 수입하여 농축한 뒤 각국에 수출할 수 있는 길을 열었다는 점에서 의미가 크다. 러시아와 호주가 미국의 반대에도 불구하고 손을 잡은 이유는 전 세계적으로 불어닥치고 있는 원자력발전소 건설 붐과 관련이 있었다.

전국 19개 지역에 원전 58기를 보유하고 있는 프랑스는 이미 전체 전력

생산에서 원자력이 차지하는 비율이 78.1%로 세계 최고다. 그럼에도 불구하고 계속해서 원자력을 강조하는 이유는 전 세계적으로 원전 건설 붐이 일면서 황금시장을 형성하고 있기 때문이다.

국적도 없고 국경도 없다. 오직 승자만이 살아남는 정글의 법칙만이 적용되는 세계 원자력발전소 건설시장의 분위기가 그렇다. 때문에 관련업계는 합중연횡을 거쳐 '빅 4' 시스템으로 전열을 마무리했다. 2007년 1월 당시 상황이 그렇다.

빅 4는 미국 웨스팅하우스를 인수한 일본의 도시바를 비롯하여 히타치(日立)와 합작사를 설립한 미국 GE와 일본 미쓰비시중공업과 합작사를 설립한 프랑스 아레바, 그리고 자국내 모든 원전업체를 통폐합시킨 러시아 아톰에네르고프롬 등이다. 특히 이번 UAE 원전 수주에서 한국과의 가장 치열한 수주경쟁 상대였던 프랑스 아레바는 2001년 프라마톰과 코제마, FCI와 CEA인더스트리 등 4~5개 원전업체가 합병해 탄생한 기업이다. 1999년 독일 지멘스가 프라마톰에 인수된 점을 감안하면 지멘스도 아레바의 깃발 아래 있다. 아레바는 110만 KM급 가압경수로(PWR) 시장 진출을 위해 2007년 7월 일본 미쓰비시와 합작회사 설립을 마무리했다. M&A 광풍을 몰고 온 아레바는 향후 세계 원전시장의 1/3을 차지할 계획을 달성하겠다는 뜻이다. 하지만 일본 미쓰비시와 제휴한 아레바의 최대 경쟁업체는 역설적이게도 또 다른 일본 업체다.

도시바는 2006년 10월 원전 설계와 시스템 분야의 세계적인 업체 미국 웨스팅하우스를 인수한 뒤 세계시장 공략에 적극적으로 나서고 있다. 이번 원전 수주전에서 한국 측 컨소시엄은 아레바의 경쟁 상대 관계에 있는 도시바와 손을 잡아 활용했음도 물론이다.

세계원자력협회(WNA)가 최근 집계한 전 세계 원전 건설계획을 이렇게 전망했다.

'건설 예정인 원전 108기, 그리고 건설 검토 중인 원전이 266기'

덧붙여서 원전 1기당 건설비용이 통상 25억 달러인 만큼 9,350억 달러에 달하는 신규 원전 시장이 열리게 되어 있다. 특히 기후변화 시대를 맞아 그린에너지에 대한 관심이 많아지면서 '신규 원전 건설 금지'에서 '원전 건설 허용'으로 바꾸는 국가가 급격하게 늘고 있다. 이 시장 규모는 더욱 빠른 속도로 팽창할 전망이다.

2009년 12월.

미래성장동력산업연구회와 한국원자력문화재단은 2일 국회 도서관에서 '미래 성장동력, 원자력 에너지, 그리고 녹색성장' 주제의 한 심포지엄을 열었다.

이날 심포지엄 참석자들은 '원자력 르네상스 시대'가 도래하고 있다고 입을 모았다.

이상 6개에 달하는 밑그림에는 2010년 경인년 벽두부터 전 세계는 원자력 헤게모니 싸움으로 돌입함을 예시한 대목으로 보는 당위성이 도사리고 있다.

따라서 자원빈국 한국은 여기 밑그림을 참고해 그린 비즈니스 모델을 만들어내는 일이 이제 함께 풀어야 하는 과제를 떠맡게 되었다.

그린 머니를 선택한 중동 산유국이 이제 원전의 필요성과 당위성, 그리고 코펜하겐 시대로의 진입할 의무를 이행하기 위해 원자력발전소 건설에 봇물이 이룰 것이 예단되고 있다.

지금까지 세계적인 원전건설 경험은 쌓았지만 해외건설 실적이 없다는 단서에 묶여 외국에 진출하지 못한 그간의 비애가 이번 UAE 수주로 인해 쨍하고 햇빛을 보게 되었다.

한국판 저탄소 녹색성장에서 향후 60년을 바라보는 미래의 먹을거리를 이루어내는 일에서, 중동 산유국이 필요한 그린 비즈니스 모델(Green Business Model)을 제안하기 위해서 지금부터 수소경제기술에 관한 연구와 기술 개발의 중요성이 대두되고 있다. 이를 간과해서는 안 되는 이유부터 알고 다음처럼 미래를 준비하면 어떨까 싶다.

수소원자력, 이것이 우리의 미래다

원전처럼 폐기물이 발생하지 않으면서도 생산단가가 저렴한 청정에너지 사용이야말로 65억 지구촌 소비자가 꿈꾸는 수소경제의 모습이다.

미국 펜실베니아대학교 와튼스쿨의 제러미 리프킨 교수는 그의 저서 〈수소경제(청정에너지 생산 + 소비 시스템)〉에서 우리 소비자가 우주에서 가장 흔하고 단순한 물질인 수소를 이용하여 온실가스 배출이 극소한 에너지 생산과 소비환경 구축할 것을 강조했다.

청정에너지인 수소경제를 구축하려면 미래 원자력 기술이 절대적으로 필요하게 된다. 실제로 2020년에 이르면 한국에서 수소가 연간 116만 t, 2040년에는 606만 t이 필요할 것이라고 전망하고 있다.

하지만 최우선적으로 청정한 수소를 얻어내기 위해서는 높은 열과 전력, 화학적 방법 동원 등이 가능한 초고온가스로(VHTR)라는 원자로가 필요하다. VHTR은 섭씨 1,000도 이상 고온에서도 방사능이 누설되지 않는 세라믹 피복을 연료에 적용해 사용하는 원자로다. 핵연료인 유라늄을 삼중 세라믹 벽이 막아주기 때문에 외부로 누설되는 방사선이 극히 적다. 동급 경수로에서 방출되는 방사선량 1/1000 이하에 해당한다는 것이 전문가들 설명이다. 또한 원자로를 가동하는 과정에서 발생하는 고온의 열과 전력을 수소생산 플랜트에서는 물을 원료로 수소와 산소를 발생시키는 고온전기분해법이나 황산을 사용하는 열화학법을 사용해 수소를 대량생산하게 된다고 조언까지 했다.

바로 이 대목에서 우리는 미래 먹거리와 일자리 창출이라는 국가적 과제를 함께 풀어보는 것을 재차 제안해두고 싶다.

멀리 갈 것 없이 점을 찍게 된 중동 산유국부터 말이다.

르와이스에 점찍고
실라에서 불을 지피고
다시 마스다르에서 빛을 내고

앞에서 잠시 소개한 대로 이번 원자력발전소 건설을 국제 입찰에 붙인 UAE의 한 해 전력 수요는 현재 1만 6,000MW에 이른다.

하지만 원유 수출에 힘입어 하루가 다르게 발전하고 있는 이 나라의 전력수요는 가히 폭발적으로 늘고 있다. 이런 추세라면 오는 2020년에는 4만 MW의 전력이 필요하다. 따라서 최근 UAE는 이 같은 전력을 화력발전을 통해 생산하는 데는 한계가 있다고 보고 있다. 천연가스는 양이 부족하고 석유는 비용이 많이 든다. 석탄은 값이 싸지만 환경문제를 야기한다.

코펜하겐 시대가 요구하는 대로 기후변화가 국제적 이슈로 떠오르면서 화석연료를 태우는 방식은 갈수록 환영을 받지 못하는 추세다. 그렇다고 신재생에너지나 대체에너지로는 충분한 전력 확보가 어렵다. 이에 비해 원자력은 상대적으로 단점보다 장점이 더 많다.

우선 발전 효율이 높고 온실가스를 배출하지 않아 기후변화 대처에도 이상적이다. 경제적 측면과 사회적 측면에서 부대 효과도 드높다.

최근 UAE는 원자력 프로젝트를 산업 인프라 구축과 교육 개발 사업 등과 연관을 지어 추진하고 있다. 그래서 우리는 이번 원자력발전 수주를 성공시킨 다음에 대한 고부가가치를 생각하지 않을 수 없게 되었다.

가지치기가 곧 고부가가치 전략이다

옛말에 갈 길은 멀리 있지 않다고 했다. 또한 물이 나오는 데서 우물을 파라고도 했다. 만고진리가 따로 없다.

글로벌 녹색성장을 통한 그린 비즈니스 모델(GBM) 만들기에서 이러한 이론과 논리만 한 것이 별로 없을 터다. 단언하건대 우리 조상들이 가르친 말씀치고 부질없는 것이 있었던가.

중동산유국에서 그린 코리아의 비즈니스 진출 전략을 완수하기 위해서는 이번 원전 수주전을 치르는 과정을 통해 훌륭한 모범답안을 만들어냈다.

최종 경쟁상대인 프랑스 아레바 컨소시엄을 누르고 얻어낸 결과물을 통해 수많은 히든 스토리가 그렇다는 얘기다. 이것 역시 최?최?최근에 얻어낸 모범답안이라는 점을 더 강조해도 결론은 똑같다.

아랍문화를 제대로 알고 아랍문화를 사랑하고 아랍비즈니스에 통달하기 위해서는 중동전문가들에 도움을 받으면 된다.

촘촘하게 자리를 잡고 있는 KOTRA 중동지역 비즈니스센터라든가 두바이 자에드 로드의 KOTRA 중동아프리카 본부에 찾아가면 거의 모든 문제해결을 정리해 줄만큼 정부기관이 솔선해 돕고 있다.

원자력발전과 같은 거대 프로젝트는 정부와 정부 사이에 오고가는 아이템일 것이고 반면 그린 아이템의 프로세스는 관련기업과 상대기업 사이에서 윈윈전략을 찾아야 된다. 그게 말처럼 쉽지 않다는 현실성이 도사리고 있지만 말이다.

다섯가지로 예를 들어보자.

하나, 아랍 비즈니스 첫 관문인 스폰서피(Sponser Fee)라는 독특한 관행이 도사리고 있다.

둘, 보는 것에만 믿고 동시에 지갑을 연다는 점이다.

셋, 최고(Best) · 최대(Big) · 최초(First)에 점수를 준다는 사실이다.

넷, 녹녹하지 않는 상대라는 점을 인정하는 데서 문제의 단초를 풀어야 한다. 장사에 이력이 붙은 중국 상인들마저 울고 간 곳이 중동지역이다.

마지막 다섯, 시간과 공간의 개념이 넓다. 너무나 넓어서 항상 우리의 상식을 초월하게 만들곤 한다.

'알라신이 좋다면……' 하는 데서 시간과 공간 개념은 다른 문제일 뿐이다. 좀 더 느긋하고 좀 더 시간을 두고 비즈니스에 임하는 자세와 마음의 준비가 없다면 애시당초 방석을 깔 것조차 없다. 비싼 수업료만 날리는 형극이 적지 않았다.

그래도 아랍 비즈니스 시계는 계속 돌아가고 있다.

이를 만회하기 위해서는 준비에 준비를 거듭하고 실패학을 다시 읽어보고 시뮬레이션을 다시 돌려보고 아랍문화를 사랑하는 일에서 시작해야 한다. 이를 위해 시간과 노력, 그리고 돈의 투자를 고부가가치로 엮어서 받아내는 일이 더 중요해진다.

'꾀 만 바퀴보다는 호박 한 바퀴'라는 말이 도움을 줄 것이다. 글로벌 금융위기 이후 세계는 신보호무역이 일반화되고 있다. 그래도 조(兆) 단위의 플랜트 수출은 유일하게 중동 산유국에서 나오고 있음이 사실이다.

혹자는 이런 수준이면 '중동 오일머니 환류(還流)'를 생각해 낼 것이다. 그게 말처럼 쉽지는 않다는 데 문제의 심각성이 도사리고 있다는 점도 여기서는 사치에 불과하다.

한승수식(式) 4단계 해법

여기에 도움말로는 이번 원전 수주전에 일등공신이었던 전 한승수 총리의 4단계 해법을 반추해보면 어떨까 싶다. 최근 아부다비 한인회에서 검증된 내용이기도 하다.

자원 빈국인 한국에서 자원외교와 수주외교는 이제 분리된 접근이 아닌 통합된 잣대로 실리를 이루는 일에서 발군의 실력을 쌓았다는 데 의미가 크다.

예를 들면 1단계는 아직 개발하지 않는 투르크메니스탄 같은 데 가서 석유나 천연가스 등을 개발해서 개발자원을 함께 나누어 가지는 일이다.

2단계는 원유를 수입하는 사우디아라비아나 UAE 같은 데서 공급을 안정적으로 확보하는 데 자원외교의 핵심을 삼는다.

3단계는 우리가 축적한 원자력발전 기술을 통해 원자력발전소를 수출산업화하는 일에서 국력을 모으는 일이다.

마지막 4단계는 기후변화 시대를 맞아 신재생에너지를 늘리자는 공감대 형성에서 자원외교와 수주외교를 동시에 진행시키는 것으로 정리가 가능하다.

다시 정리하자면 1, 2단계는 안정적 수입원 확보이고 3, 4단계는 저탄소 전기를 생산한 기술을 기반해 전력기술을 수출하는 과정을 거쳐 기술 선진국으로 진입하는 일이다.

한승수 전 총리는 이러한 4단계 해법을 지속 가능하게 이어가기 위해서 필요한 조치로 인재양성을 최대 과제로 삼고 있다.

앞으로 원전을 수주하면 할수록 관련 엔지니어가 태부족을 예상한 조치다. 기술적 대응할 사람이 없다는 것이다. 지금 국내에 원전 인력이 2,000명 정도로 파악되고 있다. 원전 1기를 건설하는 데 250명이 필요하다. 아부다비에서 4기를 건설하려면 1,000명 정도의 기술자가 나가야 한다는 계산이 나온다. 앞으로 이 문제가 큰 장애물이 될 것을 걱정해야 한다. 국내 대학에 원자력학과가 4개 뿐이라는 점이 이를 잘 방증해주고 있다.

공사는 따와도 원전 기술자가 없으면 결국 나중에는 국제 컨소시엄이 될 수밖에 없다는 점을 간과해서는 안 될 것이다. 이게 화급을 요하는 보완사항이라면 4단계 해법은 여기에 필요한 전술적 구비사항으로 구분해 대체하면 어떨까 싶다.

인재양성 커리큘럼 개발과 비즈니스 개발

이번 UAE 원전수주 계약에는 원자력발전소 건설과 함께 인프라 구축과 교육개발 사업이 옵션으로 합의되었다.

향후 60년간 거쳐서 이루어질 두 나라의 기술협력을 극대화하기 위해서는 인프라 확충(또는 인프라 구축)과 소요되는 인재양성은 기본적 구비사항이 되고 있다

여기서 인재양성은 관련기업이 필요한 인재양성이 우선시 되어야 하겠지만 중동산유국의 인재를 양성하는 데 필요한 커리큘럼 비즈니스도 고려 대상이 된다.

예를 들면 지금 세계적으로 각광을 받고 있는 스마트그리드(S-Gride)를 비롯하여 스마트시티(S-City)와 스마트 원자력(S-Nuclear), 스마트 발광다이오드(S-LED)와 스마트 홈테크놀로지(S-Home Technology) 등을 1차적으로 UAE대학에서 가르치는 일이다.

그냥 가르치는 것이 아니라 글로벌 스탠더드에 맞게끔 재가공해서 커리큘럼 개발과 판매, 그리고 교육까지 함께 아우르는 멀티플레이어 교육이어야 한다.

지금까지 일본대학과 한국대학이 이 시장에서 실패(또는 퇴짜)로 점철된 배경에는 스킨십이 부족했다. 고작 사이버 강좌나 회상교육에 치중한 결과다. 인터넷 시티에는 세계 최초의 화상시스템을 개발한 스카이프가 진출해서 교육시스템을 석권한 상태다.

먼 훗날 아랍연합의 후예를 기른다는 마음으로 교육과장을 짜서 피교육

자들을 한국대학 기숙사에 입실시키고 산학관 개념에 따라 직접 현장교육을 추가해야 한다.

최근 이러한 교육 커리큘럼으로 중동지역 교육시장에서 성공한 싱가포르 'U21 Global' 의 모범사례는 벤치마킹 한 것 이상의 가치를 지닌다. 그것도 부족하면 미국 뉴욕대학처럼 아부다비 대학에 캠퍼스를 짓고 대학을 설립하는 등 적극적인 투자를 병행해야 한다.

이런 노력과 투자를 기반해 향후 GCC 권역 6개국으로 확대해 나가는 일이다. 물론 대학과 대학, 양측 법률법인과 법률법인 등 유관기관이 합세해서 얻어내는 인재교육 프로그램 비즈니스 모델을 주문하고 있다.

벌써부터 아부다비는 물론 쿠웨이트와 카타르 등 유명대학에서 러브콜이 몰리고 있다. 하지만 앞에서 내가 소개한 중동 산유국에서만 통하는 스폰서피와 조인트벤처 형태만이 이를 가능하게 만들기 때문에 전문가의 도움은 절대적인 가치를 지니고 있음을 간과해서는 안 될 것이다

다시 전열을 가다듬고

지난해 12월 한 달 동안 한국은 아부다비에서 해외 플랜트 수주로 100억 달러에 달하는 물량을 수주했다.

이 거대 프로젝트는 아부다비 도심에서 북쪽으로 200km 떨어진 루와이스 석유단지에서 벌어질 공사들이다.

루와이스는 깃대만 꼽으면 석유가 나오는 그야말로 아부다비의 젓줄이

다. 이제부터는 플랜트산업 강국 한국은 루와이스에서 점찍고 그곳에서 다시 130km 떨어진 아부다비 원자력발전소 건설 예정지 실라에서 불을 지피는 일로 이어진다. 이러한 역사적 플랜트 공사가 진행되면 국내외 매스컴의 스포트라이트를 받는 것은 따놓은 당상이다.

위와 같은 실적과 결과물은 결국 아부다비 현지인에게 큰 영향력을 끼치면서 세계 최초의 제로카본시티 마스다르(Masdar)에 메이드 인 코리아의 신재생에너지 관련기술과 관련제품이 봇물을 이룰 거라는 기대가 허망한 기대나 부질없는 욕심만은 아닐 터다.

실제로 마스다르는 세계적인 신재생에너지 관련기업 1,500개 업체 유치를 목표로 정하기가 바쁘게 이미 한국에게도 러브콜을 보내고 있다는 점은 허망과 욕심을 불식하기에는 하나도 부족함이 없을 터다.

따라서 지난 1월 중순 지식경제부 김영학 제 2차관을 단장으로 꾸려서 아부다비 마스다르와 한국기업과의 상호협력을 위한 신재생에너지협력단 파견은 시의적절한 조치로 평가된다. 이를 성공적으로 발전시키기 위해서는 크게 다섯 가지 선택과 집중을 펼치는 일이 고려대상이 된다.

하나, 아부다비 소재 유명 전문법률사와 PR 회사, 그리고 아부다비 한인회 등을 함께 아루르는 판촉조직을 출범 시키는 일이다.

예를 들면 다수다르의 완공 시기는 2016년이다. 향후 6여 년의 시간이 필요하기 때문에 단순영업이 아닌 다각화영업이 필요할 수밖에 없다.

같은 수준의 쿠웨이트 실크시티에서도 같은 메시지를 보내고 있기 때문에 단순 영업이 아닌 다각화영업이 필요할 수밖에 없다.

같은 수준의 쿠웨이트 실크시티에서도 같은 메시지를 보내고 있기 때문에 더욱 그렇다.

둘, 최근 UAE 해외 플랜트 수출에서 한국기업들의 각계전투가 결국 덤핑수출로 이어지는 병폐를 불식시켜야 하듯이 마스다르 녹색성장 아이템만이라도 새로운 조직의 출범과 이를 잘 운영하면 고부가가치를 창출할 수 있다. 남는 장사가 가능하기 때문이다.

셋, 혼자가면 빨리 갈 수 있지만 함께 가면 멀리 갈 수 있다는 진리를 되씹어 보아야 한다.

그래서 마스다르가 요구하는 수준의 기술제공 매뉴얼을 만들어 제시해야 된다. 실제로 이번 아부다비국제전시회에서는 50개국 600여 개 업체가 참가했다. 이름만 들어도 곧 알 수 있는 글로벌 그린 파워들이 포진했다. 이들과의 수주경쟁에서 승자가 되기 위해서다.

넷, 올해 하반기부터는 아부다비 마스다르는 연구시설과 주거시설에 관한 판매에 들어간다.

따라서 우리것과 파는 것과 평행해 사주는 것도 함께 고려해야 되는 녹색 성장 비즈니스 질서가 필요하게 되었다.

글로벌 그린 뉴딜에서는 이런 '윈윈전략' 구사야말로 기본적인 상행위이자 요과적인 전술적 가치마저 지닌다.

특히 중동국가에서는 모든 상거래에 스폰서피라는 독특한 제도가 있다는 점과 함께 최고·최대·최초만을 찾는 것에서 자유스럽지 못함도 숙지해야 한다.

다섯, 최근 아부다비 전시회 참가에서 내가 직접 마스다르 구매담당관으로부터 들었던 내용이기도 하다.

　　결국 그린머니를 선택한 중동 산유국 UAE의 녹색성장산업에서 원자력 발전소 수주와 같은 대박 행진을 계속 진행시키기 위해서라도, 르와이스에서 짐찍고 실라에서 불을 지피고 다시 마스다르에서 빛을 내기 위해서라도, 이러한 다섯 가지 구비조건은 최선의 길임을 거듭 강조해 둔다.

3 GCC 권역
전체를 아우르고

글로벌 그린마켓은 크고 매우 넓다. 그러나 천리 길도 첫 발을 떼야 가능하듯 이제는 중동지역에서 원자력발전소가 건설될 아부다비에서 다시 시작해야 하는 것도 대안의 하나다.

앞에서 소개한 루와이스에서 점찍고 실라에서 불을 지피우고 다시 마스다르에서 빛을 발하는 일을 공식화해서 말이다. 이게 점차 가시권 진입을 요구하기 시작했다.

더 흥미로운 점은 최근 중동 산유국에서는 녹색도시 건설 붐이 일면서 생긴 유행의 물결이 봇물을 이루고 있다는 점이다.

예를 들면 GCC 권역의 쿠웨이트와 사우디아라비아가 아부다비처럼 모든 도시 건설이나 도시 리모델링에서 스마트 시티는 기본이고 그린 시티를 지향함이 그렇다.

이들 6개국은 공통으로 세계 최상의 온실가스 배출국으로 분류되고 있기 때문에 이를 시정하기 위해서는 당연한 정책적 준비에 해당한다.

제5장에서 GCC 권역과 함께 자유무역협정(FTA)과의 관계설정을 자세하게 기술했으면서 다시 언급한 이유는 그만큼 매력이 많다는 것인데, 잘 다듬고 잘 진입하면 나름대로 큰 매력이 있는 시장의 미래를 보고서 점찍고 있다는 점에서 의미를 부여했다.

여러 가지 이유와 당위성이 도사리고 있지만 앞에서 여러 차례 강조했듯이 이번 글로벌 금융위기를 거치면서 세계 모든 나라들이 굳이 내세우지고 있지는 않지만 신(新)자유보호무역을 지향하기 시작한 점에서 보면 그렇다는 얘기다.

중동 산유국에 통하는 그린 코리아의 유망 분야와 진출 방안

모든 비즈니스 전략에는 아이템과 눈에 보이지 않는 전략적 어프로치와 눈에 보이는 전술적 프로세스, 그리고 기술적 접근 방안과 우선순위 등에 의해서 빛을 내기 마련이다.

물론 이론적인 접근도 챙기고 경우에 따라서는 실패학도 읽어보고 리스크를 최소화하는 일도 한 방법이 된다.

또 모든 일에는 성공만이 있는 것이 아니다. 실패도 김칫독 우거지처럼 따라다니기 마련이다.

성공과 실패를 번갈아 했더라도 포기하지 않고 일관되게 마무리하는 그

것에서 진가가 발휘되기 때문에 포기없는 이론적 제안과 학술적 방법론으로 그린 머니를 선택한 중동 산유국에서의 그린 코리아의 발전방법을 차례로 찾아나서 보자.

그린 코리아의 유망 아이템

〈도표7-1〉에서 보듯 중동 산유국에서 필요한 그린 코리아의 비즈니스 아이템은 크게 세 가지 접근론으로 정리할 수 있다.

도시개발 프로세스와 진출 유망 분야, 그리고 중동 그린 비즈니스 등이 있는데 이를 세분화시키면 기획부분·인프라 부분·운영 및 관리로 나눌 수 있는데 그린머니를 선택한 중동 산유국의 집중적 올인 전략은 그린 비즈니스에 관한 분야다.

최근 KOTRA는 안내 책자를 통해 중동시장에서 그린 비즈니스 유망 아이템으로 다음 여덟 가지를 꼽고 있다.

◇ 원자력 발전

◇ 스마트그리드

◇ 교통 및 운송 시스템

◇ 통신 시스템

◇ 그린 빌딩

◇ 수자원 활용 시스템

◇ 쓰레기 처리 시설

◇ 생태 단지

특히 우리에게는 정보기술(IT) 강국의 이력과 노하우가 잘 갖추어졌다. 모든 그린 비즈니스는 IT와의 접목(接木)과 융합(融合)에서 빛을 발하기 때문에 여기에서 한국만의 특장점을 살려내는 일이 과제가 된다.

예를 들면 녹색도시에서는 에너지 소비 감소와 효율적 에너지 사용을 위한 스마트그리드로 도시 전체의 핵심 인프라로 구축될 것이 예단된다. 따라서 관련 IT를 접목시키거나 융합시켜서 시너지 효과의 극대화도 한 대안이 되고 있다.

또한 환경오염의 주원인인 자동차 배기가스 감소와 에너지 절감에 효과적인 지능형 교통 시스템(ITS ; Intelligent Transport Systems) 등 효과적

〈KOTRA 제공〉

도시 개발 프로세스	중동 그린 비즈니스		진출 유망 분야
기획	설계/디자인 서비스 CDM 컨설팅	– 고부가가치	태양에너지
인프라 건설	원자력 스마트그리스 교통 및 운송 시스템 통신 시스템 그린빌딩 수자원 활용 시스템 쓰레기 처리 시설 생태 단지		그린 IT 친환경 건축
운영관리	그린수송수단 고효율 가전제품 친환경 식품	– 라이프스타일영역	고기능 소재

〈도표 7-1〉

교통 인프라 관련 IT 부문도 함께 챙겨야 할 것이다.

향후 녹색도시 실생활에서의 인터넷과 전자정부 시스템, 헬스케어 제공과 IT 인프라는 에너지 효율성 증진을 위한 주요 분야로 회자되고 있기 때문이다.

따라서 이 절대적 과제를 예상해서 위에 열거한 여덟 가지 아이템에다가 IT 강국 노하우를 응용시키면 효과는 배가된다. 이어서 빌딩 에너지 소비의 큰 비중을 차지하는 조명 시스템 개선은 에너지 고효율화를 추구하는 그린 빌딩의 주요 이슈다. 조명 LED도 주요 유망 분야로 거론되고 있다.

이 모두가 최근 중동 산유국이 한국에게 러브콜을 보낸 아이템이자 손을 내민 이유이기도 하다.

그린 코리아의 진출 전략

최근 들어 중동지역에서는 원자력발전과 담수, 환경과 운송 등과 같은 인프라 투자가 증대하고 있다. 특히 GCC 권역 6개국은 전력망 연계를 통해 역내 전력난을 해소하고 사업화의 다각화에 국력을 모으고 있다. 따라서 그린 코리아의 중동 산유국 진출은 세 가지 경제 주체가 서로 협조하고 보조를 맞추면서 이 시장을 진출하는 방식을 모색해야 된다.

예를 들면 이번 UAE 원전 수주처럼 정부는 정부를 상대로, 기업은 관련 기업과의 대승적 비즈니스로, 개인은 개인과의 신뢰와 공경심을 바탕으로

하여 삼위일체가 이루어져야 한다. 이를 통해 한국이 필요한 원유의 안정적인 확보와 함께 관련기술의 수출 등으로 미래지향적인 거래 시스템을 구축하고 선린외교(善隣外交)의 주역으로 거듭나야 한다.

따라서 그린머니를 선택한 중동 산유국의 집중적 그린 전략에 부응(또는 편승)하여 윈윈으로 서로가 이익을 공유하는 전략적 방법은 크게 다섯 가지로 요약할 수 있다.

첫째, 최우선적으로 코펜하겐 시대가 요구하는 기후변화 대응·기술적 공유·그린 마켓의 확대·인프라 확장 등 전방위적 국가차원의 외교 강화와 이미지 제고 노력이 필요하다. 과거 한국은 이 GCC 권역 건설 참여를 통해 한국의 위상을 정립하였으며 그들에게 한국의 기술력과 운용 능력을 알려왔다. 이러한 과거의 긍정적 인상은 이들과의 협력관계를 향상시키고 지속할 수 있는 성공요인이 된다. 더욱이 국가 차원의 외교적 노력이 집중되면 해외 플랜트 수출처럼 대규모 그린 프로젝트에 대한 참여가 증대될 수 있다.

둘째, 온실가스 감축과 같은 그린 테크놀로지는 친환경 차원에서 다양한 포트폴리오를 제공해 안정된 거래로의 전착을 도모하는 일이다.

셋째, 지역적인 여건과 생태계를 총망라한 현지화 전략 강화에 미래전략을 세우는 일이다. 단기적보다는 장기적으로, 개별 아이템보다는 기술적 융합을 통한 지속가능한 거래의 관행을 구축하는 일이다.

예를 들면 LED 가로등의 경우 단순기능의 가로등이 아닌 CCTV 기능에다 거리의 분위기를 연출시키는 빛의 조명을 생각해야 한다.

넷째, 패키지형 투자와 사업의 활성화가 필요하다. 글로벌 그린 마켓은 이제 나라와 나라의 교역이 아닌 그린머니 게임으로 발전되고 있기 때문에 주고받는 상호선린관계로 시작해야 된다.

최근 중국이 아프리카 지역에서 자원외교를 통해 원자재를 싹쓸이 하는 방식대로 '인프라 줄게, 에너지 다오'도 한 대안이 된다.

다섯째, 중동 산유국에 진출할 한국 그린 기업들에게서 필요한 것은 정부의 적극적인 지원 여부에 명암이 달려 있다.

신재생에너지 비즈니스는 투자 규모가 많고 회수 기간도 길다. 치고 빠지는 제조업 아이템과 다른 거래조건 구비와 상거래 정착을 위해서는 정부 차원의 지원이 그래서 필요한 것이다.

혹자는 그린 코리아가 중동 산유국 진출 전략을 해외건설 또는 해외 플랜트 수출로 보는 경향이 없지 않는데 접근 시각부터 차원이 다름을 이해해야 한다.

요구하는 아이템과 기술, 환경 프로세스와 그린 파워가 전 세계적으로 참여하고 경쟁하기 때문에 단순 공사로 정리하기는 무리수에 해당한다.

탄소거래처럼 UN이 정한 그린 어코드에 따르는 자세를 요구받기 때문에 그렇다. 이번 UAE 원전 수주 성공 사례처럼 앞에서 언급한 다섯 가지 그린 코리아 진출 전략은 이제 GCC 권역 6개국으로 확대하는 일까지 변행시키는 데도 한 치의 소홀함을 보여서는 안 될 것이다.

4 그린오션 창출은 가능한가

고갈되는 자원, 치솟는 유가, 더워지는 지구, 강력해지는 환경규제…….

코펜하겐 시대에서 한국이 살아남기 위해서 풀고 극복해야 하는 과제들이다. 전 세계적으로 에너지와 환경 문제가 최대 이슈인 요즈음은 어느 나라도 예외없이 녹색성장에서 길을 묻고 있다.

산업의 패러다임이 제조업에서 서비스업으로, 다시 녹색성장산업으로 변화하는 과정을 지켜보면 자명해지는 발전적 진로로 여겨진다. 함께 글로벌 인프라 전쟁도 여기에 가세하기 시작했다. 이름하여 '자원외교'와 '인프라 쟁탈전'의 전모다. 그러나 세계의 자원외교는 중국과 일본이 이미 싹쓸이를 거친 다음이다. 중국은 외화보유고 2조 달러를 바탕으로 아프리카와 남미를 휩쓸기 시작했다.

거의 모든 나라들은 지금의 글로벌 금융위기를 극복하기 위해 경기 활성화와 고용 창출, 산업경쟁력 강화 등을 겨냥한 다목적 카드로 인프라붐에 매진하고 있는 것이다.

글로벌 기업의 경우는 미국 다국적 기업 GE가 중국 베이징 일대에서만 풍력발전 단지 터빈 공급과 상수도망 운영 등 400여 개의 사업권을 확보하더니 최근에는 중국 철도부와 고속철도 협력계약을 맺어 중국시장 진출에 가속도를 내고 있다.

이외에도 '에너지사업센터(독일 지멘스)'와 '시스템 설비 추진본부(일본 도시바), 그리고 스마트그리드 센터(일본 파나소닉)' 같은 조직은 모두 해외 그린 인프라 구축에 필요한 조직들이다.

오늘 걷지 않으면 내일은 뛰어야 하듯

기후변화 시대를 맞은 한국은 중동 산유국애서 그린 뉴딜을 사업화하기 위해 다양한 방법과 다양한 기술로 이 시장에서 괄목한 성적표를 쌓았다.

앞에서 소개한 원자력 헤게모니 싸움으로 시작해 UAE의 산업단지 순례, 사우디아라비아와 쿠웨이트 등 GCC 권역 6개국에 대한 시장확대를 살펴보았다.

이를 위해서는 오늘 걷지 않으면 내일은 세계 경쟁업체를 상대로 뛰어야 하듯 다시 레드오션을 비켜나 그린오션 창출이 필요하게 되었다.

특히 그린 뉴딜은 기술과 자금, 정책과 실천력에 의해 메달의 빛깔을 달라리하듯 융합의 세계부터 고려해야 한다.

바야흐로 융합(컨버전스) 시대다.

정보기술이 급격하게 발전하면서 기술과 자금은 물론 금융과 운용까지 결합하는 이른바 그린 융합의 시대가 도래했다. 바로 이 대목에서 그린 코리아는 중동 산유국에서 비즈니스 진출 전략을 제시하고 또 구사하여 국운의 기치를 높이 세워야 한다. 그래서 '그린오션 창출'이라는 새 경영 특명에 줄을 서고 있는 것이다.

우선 글로벌 녹색성장(GGGG; Go Global Green Growth)은 생태적 지속가능성을 훼손하지 않고 지향하는 환경친화적 경제성장을 의미하며 지속가능한 발전에 포함된다.

기존의 경제성장 기반이 양적 측면에 치우쳐 환경보다는 양적 성장을 우선시하는 '시장비용 효율성(Market Cost Efficiency)' 이었다면 녹색성장의 핵심은 질적 측면으로 전환하여 '생태 효율성(Eco-Efficiency)' 증대를 기반으로 한다.

그래서 환경친화적이고 지속가능한 경제성장을 위한 방법으로서 한국이 고민할 그린오션 창출은 그래서 필요한 것이다.

기술 + 가격 + 시간은 중동 산유국에 필요한 경쟁력 제고의 그린오션

최근 한국건설업체는 2007년과 2008년에는 매년 400억 달러 규모의 중동시장 해외 플랜트 수출고를 기록했다. 2009년은 500억 달러에 이르고 있고 올해는 처음으로 600억 달러를 기대하고 있다.

중동시장은 단일시장 규모로는 최대이고 최상이다. 달러박스가 따로 없다. 이를 그린오션 지향으로 정리하자면 곧 기술과 가격, 그리고 공기완수 시간에서 찾아야 함을 의미하고 또 지칭한다.

특히 외국 석학들은 해외 기업들이 좇는 차세대 사업은 환경과 에너지 분야이고 이를 다른 분야와 융합·복합화를 꾀하는 컨버전스로의 진로모색에 기업의 핵심역량 구사를 주문하고 있다. 최근에는 강한 톤으로 제시하기도 한다.

전술적 접근방식으로는 '이제까지의 성공의 추억은 잊어야 미래가 보인다'는 단서를 붙여서 말이다.

불확실한 경제 환경, 시나리오 경영이 대안

지난해부터 세계 신재생업계에 쓰나미처럼 몰아닥치고 있는 온갖 변화에 대응하여 두 가지 시나리오 경영이 화두가 되고 있다.

130년 창업 이래 다채로운 간판사업 분야를 바꿔온 GE는 회사의 장기성장전략 매뉴얼인 '그로스 플레이북(Growth Playbook)'을 만드는 것으로 유명하다.

GE의 과거실적 및 각종 경기변동 시나리오를 분석하고 정리해 만든 이 보고서는 시나리오에 따라 어떤 사업 부문에는 어느 정도의 예산을 투자해 어떤 경쟁력을 육성할 것인지에 대해 상세하게 기술해 놓고 있기 때문이다.

크게 다섯 가지로 구분해서 활용하고 있다.

하나, 그린 뉴딜의 시대에서 오기 쉬운 기업적 혼란을 야기하는 위기 환경 요인을 파악한다.

둘, 트렌드와 위기 요소, 그 영향력을 분석해 지도화(mapping)한다.

셋, 각 요인을 고려해 다양한 시나리오를 구성해 둔다.

넷, 다양한 시나리오를 기업 내 외부 리더들과 함께 검토 후 '키(key) 시나리오'를 결정한다.

다섯, 만든 시나리오는 끊임없이 재평가하고 재수정해서 각기 다른 현장에서 응용을 구체화시킨다 등이다.

이를 다시 패러디해보면 그린머니를 선택한 중동 산유국에게 집중적 그린 전략에 대응할 그린 코리아의 비즈니스 진출 전략의 밑그림을 그릴 수 있다. 아니 그렇게 그려야 한다.

이러한 기업가적 노력과 실천만이 앞에서 내가 제시한 컨버전스 찾기와 시나리오 경영의 진수임을 간파해야 한다. 꼭 간파되어야 한다.

영양가 있는 그린오션도 여기서 오십보백보이기 때문이다.

제7장의 결론은 앞의 제4장에 대한 대응편으로 구분된다.

그린머니를 선택한 중동 신유국의 집중적 그린 전략이 파악되고 확인되었으면 그린 코리아의 비즈니스의 길은 자연스럽게 밝혀질 수 있다.

이 믿음을 구체화시키는 일이 그래서 중요해지고 있는지 모른다.

1 중동 산유국
그린 마켓이 불타고 있다

중동 산유국하면 애증을 공유한 부부의 이미지를 떠올리는 사람들이 있다. 사랑과 증오의 틈새에서 인생의 영광과 질곡을 동시에 경험한 탓이다. 증오의 간격에서 애지중지(愛之重

之)는 은혜의 역사일 것이고 저주의 증오는 고통의 연속일 수 있다. 한국과 중동 산유국 관계는 이를 빼다 박았다. 경제위기 때마다 중동특수때문에 가난을 벗어난 것이 애지중지이고 석유 1배럴당 147달러라는 고유가 시대의 경제적 고통은 함께 수반한 경험은 저주와 증오일 것이다.

전쟁의 화염 속에서 중동신화의 첫 장을 쓰다

한국 건설사들의 중동진출은 지난 1970대 초로 거슬러 올라간다. 정확하게 1973년 제4차 중동전쟁으로 유가가 1배럴당 3달러에서 12달러로 급등하면서 오일 달러가 풍부해진 중동지역에 건설 붐이 일었던 것이다.

반면 당시 한국에서는 석유파동으로 불경기가 심화되고 실업문제에 봉착하게 되었다. 특히 이해 미군이 베트남에서 철수하면서 당시 최대 해외시장이었던 베트남 특수가 살아지게 되었다. 그때 새로운 개척지로 중동지역 진출이 대안으로서 부상한 것이다.

해외건설협회에 따르면 중동지역 진출의 첫 테이프를 끊은 것은 대림산업이었다고 한다. 1973년 사우디아라비아에 지사를 개설하고 이듬해인 1974년 라스타누라 정유공장의 착공을 시작으로 중동시장 공략을 본격 시작했다. 37년 저쪽의 일이다.

South Korea's Years in Mideast Pay off with Korea

블룸버그통신은 한국의 중동지역 진출과 특수를 위의 제목으로 소개했다. 한국건설업체들이 지난 수십 년간 중동의 건설현장을 누빈 경험과 기술을 바탕으로 이 지역건설 현장에서 승승장구하고 있다는 애증의 역사에 대한 천사로 볼 수 있다.

하긴 1970~1980년대 한국의 중동지역 진출은 단순히 토목 · 건축 분야가 중심이었다면 지금은 일본과도 어깨를 나란히 할 수 있는 기술까지 보유하게 되면서 고부가가치가 많은 해외 플랜트 수출로 확대되었다.

중동특수의 뿌리였던 단순 토목·건축 분야는 이제 저가를 무기로 수주를 따내는 중국 업체에게 경쟁력에서 밀리게 되었다.

또한 해외 플랜트 수출도 국제적 경쟁이 심화되고 치열하게 진행되면서 덤핑 입찰과 덤핑 수주가 기승을 부리는 과정에서 이번 UAE 원전 수주 성공은 '제2 중동특수'의 기회를 맞게 되었다.

위기 다음에는 기회이다

기후 변화 시대를 준비하기 위하여 그린머니를 선택한 중동 산유국에게서 원자력 발전소를 수주한 일은 중동 특수를 통해 제 2의 도약을 할 수 있는 하늘이 준 기회이다. 반복하여 들어도 질리지 않는 찬사인 것이다.

37년만에 찾아온 제2의 중동특수이기 때문에 중동지역은 한국 녹색 성장산업의 최전선(最前線)이 되고 있다. 국내외 언론매체들은 향후 전 세계는 300~400기의 원전 건설을 준비하고 있거나 운영을 고려하고 있기 때문에 이 시장 규모는 1조 달러에 달할 것이라는 통계를 제시하고 있다.

한국은 이 중 1/3 정도를 소화할 수 있는 능력이 있다. 이 능력을 십분 발휘한다면 이 수치는 한국이 녹색성장산업으로 성장모드를 변화시킨 데 촉진제가 될 것이다. 대한민국을 글로벌 금융위기를 슬기롭게 극복한 전례가 있지않은가?

특히 그린머니를 선택한 중동 산유국에서 불고 있는 녹색성장 바람은 제2 중동특수로서 가능성이 높아지고 있다. 이러한 경제 현상은 중동 산유국 그린마켓이 지금부터 불타고 있음을 예고하는 것이다.

한국이 액션 플랜을 제시하다

한국은 기후변화 시대를 맞아 새로운 산업적 패러다임을 국가적 승기로 삼을 필요가 있다. 온실가스를 줄이고 동시에 경제성장을 이루겠다는 지극히 역설적인 정책 발상에 전 세계인이 놀라고 있다.

지난해 코펜하겐회의에서 이명박 대통령은 기조연설을 통해 처음으로

'글로벌 녹색성장 연구소(GGGI; Global Green Growth Institute)' 설립 구상을 발표했다. 언뜻 상반되어 보이는 경제성장과 온실가스 감축을 접목시켜 '두 마리 토끼를 잡겠다.' 라는 뜻이 담겨 있다. 한국판 녹색성장의 '얼리 무버(Early Mover)' 로서의 이미지로 전 세계에 각인시키겠다는 고도의 그린 테크닉 구사가 전제가 된 것이다. 이를 기반해서 이명박 정부는 GGGI에 전 세계 기후변화와 경제성장 분야의 최고 석학과 시민활동 지도자를 참여시킬 계획이라고 밝혔다. 이를 통해 선진국과 개발도상국을 아울러 녹색성장 방법론(Global Gren Plan), 이름하여 액션 플랜을 제시해 향후 글로벌 싱크탱크로 발전해 나간다는 구상이자 밑그림으로 삼겠다는 취지이다. 물론 여기에는 화석연료로 전기를 생산해 오염배출국으로 판정을 받고 있는 중동 산유국까지 아울러 글로벌 그린마켓을 선점(先占)하겠다는 속내를 숨기지 않았다. 때문에 한국 국민들은 원자력 발전과 같은 그린 비지니스로 제 2의 중동특수를 누릴 것이라고 믿는다. 중동은 이미 세계에서 가장 큰 그린마켓이니까 말이다.

2 One Planet Living

　최근 중동 산유국에 불고 있는 그린 바람은 i) 생활 자체의 변화 ii) 그린 머니를 선택한 국가 iii) 관련기업들의 그린 테크놀로지에 관한 미래적 관점으로 정리할 수 있다.

　이러한 세 가지 변화의 바람은 중동 산유국이 글로벌 금융위기와 두바이 월드 채무지불유예를 지켜보면서 학습효과에 따른 자구책으로 풀이된다.

그린 라이프스타일의 변화

　세계 최초의 제로카본시티를 건설하고 있는 아부다비 마스다르가 제시한 '그린 라이프스타일 제안'은 매우 구체적이다.

1	Zero – carbon
2	Zero – waste
3	Sustainable Transport
4	Sustainable Materials
5	Sustainable Food
6	Sustainable Water
7	Habitals & Wildlife
8	Culture & Heritage
9	Equity & Fair Trade
10	Health & Happiness

〈도표 8-1〉

중동산유국 UAE가 거국적으로 제안하고 제시해서 기후변화 시대를 능동적으로 대처해 나가겠다는 행동지침이고 의미부여다.

〈도표8-1〉에서 보듯이 모두 열 가지 행동원리를 망라하고 있다. 이미 도식화해서 오는 2016년까지 실천목표를 100% 달성하겠다는 점을 발표한 바 있다.

첫째, Zero – carbon : 태양에너지를 비롯하여 풍력에너지와 폐기물에너지와 같은 신재생에너지로 모든 에너지를 100% 담당한다.

둘째, Zero – waste : 재활용·퇴비화·에너지화로 폐기율을 9%까지 높이는 일이다.

셋째, Sustainable Transport : 탄소가 전혀 없는 교통수단 이용과 함께 대중교통의 이용 등 운송분야의 혁신을 꿈꾸고 있다.

넷째, Sustainable Materials : 각종 건축 자재는 재활용품과 친환경적인 제품만을 이용한다.

다섯째, Sustainable Food : 유기농 농작물과 유기농 식품의 선호를 유도한다.

여섯째, Sustainable Water : 모든 물은 담수화로 처리하고 있기 때문에 물소비의 패턴을 50% 이상 줄이는 운동으로 폐수의 활용까지 권장한다.

일곱째, Habitals & Wildlife : 자연과 생물보호에 앞장을 선다.

여덟째, Culture & Heritage : 아랍지역의 고유 건축 가치를 수립한다.

아홉째, Equity & Fair Trade : 국제 노동기준에 의한 적당한 임금과 적합한 노동환경의 제공을 도모한다.

열 번째, Health & Happiness : 국민 생활 향상을 위한 여가 문화의 증진과 함께 각종 편의시설을 구축하는 일 등이다.

너무나 구체적이고 광범위하게 지향하고 있기 때문에 마스다르다운 환경문제의 해결책으로 이해가 된다.

역시 마스다르답다는 것 지구의 미래가 이 작은 선택과 집중에 달려 있다는 메시지로 볼 수 있다.

이러한 구체적인 행동지침은 아부다비가 발표한 'The Plan Abu Dahbi 2030'에 자세하게 소개된 내용이기도 하지만 제로카본시티가 갖추어야 할 행동지침으로서 그 가치와 의미는 지대하다.

특히 아부다비를 대표하는 에티하드항공(Etihad Airways)의 날개에 그려진 독수리 문양(紋樣)처럼 비상과 웅비에 대한 준비로 볼 수 있다.

범국가적 미래 그린 플랜

앞에서 여러 차례 소개한 대로 중동 산유국의 미래 그린 플랜은 그린머니를 선택한 원초적 단초가 '포스트 오일(Post Oil)'이라는 점에서 벗어나지 않고 있다. 미래 그린 플랜도 같은 반열이고 같은 맥락이다.

중동 산유국에서의 그린 플랜이 불타기 위해서라도 한국은 이들의 미래전략에 포커스를 맞추고 이를 활용하는 데 적극적인 동참을 해야만 한다.

이 거대 시장에는 이미 다국적 기업들의 장터로서 세계적인 기업들이 포진하고 있다. 중동은 그린의 정글과 다름 없으며 그만큼 선의의 경쟁과 피나는 경쟁이 공존한다는 점을 인지해서 선택의 폭을 넓혀가야만 최후에 살아 남을 수 있다.

그린 테크놀로지(GT)의 각축장

중동 산유국에서의 석유산업은 원유를 채굴하는 상류부문(Upstream)과 이를 통해 부가가치를 만들어내는 하류부문(Downstream)으로 나뉜다. 전자는 산유국을 지칭하고 후자는 한국과 같이 원유를 석유화학제품으로 만드는 기술보유국을 지칭한다. 이러한 구분에서 보듯이 그린 테크놀로지세계도 상류부문과 하류부문이 뚜렷하게 구분하고 있었지만 최근 기술의 융합 시대를 맞아 서서히 경계가 무너지고 있다.

경우에 따라서는 구분없이 두 가지 분야가 함께 운영되는 추세로 발전하기도 한다. 중동 산유국에서 통하는 그린 테크놀로지 역시 에너지 소비 감소와 신재생에너지 비중을 높이는 일에서 진가(眞價)를 찾고 있다. 마치 원자력발전소를 건설하는 시공업체는 ASME(American Socity Mechanical Engineers) 인증서가 필수적으로 구비되어야 하듯이 중동 산유국이 찾는 그린 테크놀로지도 세계가 주목하거나 각종 에너지를 효율적으로 운영 및 관리가 가능한 시스템을 제안해야 한다. 물론 글로벌 스탠더드에 부합한 기술임을 전제(前提)해야만 한다. 하지만 이러한 요구와 제도에 부합한다 해도 경쟁상대는 지천에 널려 있다. 지천에 깔려 있다는 표현이 더 현실적이다.

이 시장에서 자기 목소리를 내는 관련기업들은 범세계적인 탁월한 기술력과 시공경험까지 풍부한 것은 물론 기술 기반 구축의 역사도 길다. UAE 원전 수주에 성공한 한국전력이 주도한 코리아 컨소시엄은 원자력발전소 시공경험의 역사가 60년째이다.

하지만 해외시장 이력이 없었기 때문에 국내용으로서 명성과 가치에 만족해 왔다. 적절한 비유가 될 수 있는지 모르지만 한국의 그린 테크 역사는 매우 짧다. 반면 세계 제1 풍력발전의 베스타스는 30년의 기업 역사를 지니면서 세계 최고가 되었다.

그린 테크놀로지의 작동원리를 이해한다면, 위에서 서술한 바와 같이 그린 테크놀로지의 시계가 움직인다는 것을 인지한다면 중동 산유국에서 부는 세가지 바람이 코펜하겐 시대가 지향하는 길이라는 것을 알 수 있다. 이를 금과목조 삼아서 진행·발전 시키려는 노력을 할 때만이 제 2의 중동특수가 대한민국을 반갑게 맞이할 것이다.

3. 국회에 가로막힌 이슬람 머니

우리 인류가 추구하고 있는 기본 권리에서 신앙의 자유와 종교의 선택은 강요를 받거나 구속의 빌미가 될 수 없다. 자신의 정체성 바탕에서 문화와 국가, 인종과 국경을 초월한 자신만의 세계를 구축하기 위해 신앙과 종교는 선택사항이다.

최근 중동 산유국에 불고 있는 그린 머니는 우선 그들이 믿고 있는 종교적 교리와 일맥상통한다. 녹색성장산업은 그들이 믿고 있는 이슬람 율법에도 부합(附合)하는 클린산업이기 때문에 중동 오일 머니의 환류 차원에서 많은 기대와 관심의 대상이다. 그러나 지난해 12월 한국 국회에서는 이슬람 머니 유치에 대한 법적 조치인 '이슬람채권발행법(法)'을 무산시키고 말았다.

이슬람채권(수쿠크)은 이자 수입을 금지하는 이슬람 율법에 따라 배당

형식으로 수익을 제공하는 것에 비과세하자는 게 입법의 취지였다. 그런데 한국 국회 기획재정위원회 조세소위에서 일부 의원은 이슬람채권을 발행하면 이슬람의 테러를 지원하는 명목하에 반대했다. 하지만 이런 논리라면 기름값으로 건넨 돈도 테러자금으로 보아야 된다. 정말로 모순된 잣대가 한국 국회에서 통하고 있다.

상식 이하 · 상식 이상

국민은 1등인 데 비해 정치는 3류라는 자조 섞인 비아냥을 듣고 있지만 국회의원 299명은 우리의 대표다. 법과 원칙에 따라 국민을 대표하는 기관으로서 모든 법률제정에 탁월한 식견을 발휘한 그들로 알고 있다.

하지만 코펜하겐 시대가 요구하고 65억 지구촌 소비자가 기대하는 녹색성장산업의 부흥을 한국 국회가 보류하고 말았다. 끼어들거나 끼어서는 안 될 비상식적인 무지의 우(愚)를 드러낸 것이다.

향후 원자력발전소 건설로 거래될 400억 달러와 석유거래, 그리고 다시 부흥기회를 맞고 있는 해외 플랜트산업에 법적 뒷받침은커녕 통로를 차단하는 보류결정이라니 전혀 이해가 되지 않는다.

이슬람권 경제 규모

이슬람권은 세계 총생산의 17.8%에 세계 인구의 24%를 차지하고 있다. 통상 세계 인구의 네 사람 가운데 한 명이 무슬림이다. 무슬림 교도는 이제 15억 인구를 지니고 있다. 여기다가 이슬람채권 발행 규모는 2007년 364억 달러이나 2000년 이후 최근까지 연평균 95%라는 고성장을 거듭하고 있다. 따라서 세계 각국은 이슬람금융 유치를 위해 부단한 노력을 기울이고 있다. 영국은 처음으로 이슬람금융 면허를 취득한 은행을 개설했다. 유럽에서 가장 무슬림 인구가 많은 프랑스는 적극적으로 이슬람금융 유치를 위해 각종 제도와 법률을 정비하고 있다.

아시아에서는 싱가포르와 말레이시아는 이슬람채권을 발행하기 위한 제도정비를 완료시켰다. 일본은 이슬람금융상품 도입을 위해 은행법을 개정해 5억 달러 규모의 이슬람채권 발행에 성공했다. 실제로 이슬람 자금은 5년 이상의 장기투자를 선호하고 담보보다는 사업성을 중시하기 때문에 녹색성장산업의 발전에 필요한 시드머니로서 매우 부합한 금융상품이다. 또한 최근 들어 그린머니를 선택한 중동 산유국들은 한국을 동북아 진출을 위한 전초기지로 삼고자 투자기회를 적극적으로 모색했었다.

그래서 안수현 한국외국어대학 경제학 교수는 지난해 11월 '이슬람 금융 관련 콘퍼런스'에서 "이슬람채권의 붙일 이자세금을 면제해 주지 않으면 금리가 1.5~3.4% 포인트 올라가 채권발행이 불가능하다고 지적했다.

그러나 이 개정안은 국회 문턱을 넘지 못했다. 법안 심사를 진행한 국회의원들이 "이런 거래를 금융거래로 볼 수 있느냐"라는 근본적인 질문을

제기해서 말이다. 그냥 내 개인적인 판단은 글쎄다.

다만, 오바마 미국 대통령의 '미국과 무슬림의 새로운 시작'을 발표한 카이로대학 연설을 다시 들어보자. 뭔가 지피고 뭔가 한 수 가르치는 부분이 도사리고 있었기 때문이다.

미국과 무슬림의 새로운 시작을 위해 여기 왔다

버락 오바마 미국 대통령은 지난해 5월 '미국과 이슬람의 새로운 시작'을 알리는 시그널로 한 대학을 찾았다. 장소는 이집트 카이로대학. 그는 연설에서 "상호 이해와 상호 존중을 바탕으로 둔 미국과 무슬림에 간의 새로운 시작을 위해 이곳에 왔다."면서 "미국과 무슬림은 배타적 존재도 아니며 경쟁할 존재도 아니다." 라고 강조했다. 그는 또 연설을 통해 무슬림의 인권을 부정한 식민주의와 이슬람 국가들의 열망을 반영하지 않는 냉전시대가 미국과 이슬람 세계의 긴장을 야기했다고 시인하기도 했다.

아버지가 무슬림 케냐인이며 이슬람 국가인 인도네시아에서 어린 시절을 보낸 오바마에 대한 아랍권의 기대에 부응하듯 연설 중간중간에 자신의 개인사를 언급하기도 했다.

오바마 대통령은 "어떤 국가도 다른 나라에 자국의 체제를 강요해서는 안 된다." 라고 강조하면서 전임자인 조지 W 부시 행정부와 선을 긋기도 했다.

특히 경제발전과 관련해서는 한국의 성공 사례를 예로 들면서 "한국은 독특한 문화를 유지하며 경제를 발전시켰다." 라면서 이슬람 국가들이 정체성을 지키면 경제발전을 이뤄낼 수 있다는 점을 지적했다.

9.11테러를 당한 미국마저도 지금은 이슬람에 대해, 이슬람금융에 대해 문호를 개방하기 시작한 마당에 우리 국회는 이슬람금융 유치를 가로막고 있다는 점이 더 희극적이다.

최근 이명박 정부가 추진 중인 인천국제공항 인근 레저타운과 새만금에 관한 수쿠크 투자의 타당성 조사를 마친 사우디아라비아통화청 국부펀드가 이를 어떻게 받아들이고 소화할 것인지가 관건이다.

이슬람금융을 가지고 한국 금융업계가 모처럼 해외 진출을 도모하고 있는 마당에 국회의 다른 잣대는 희극을 넘어 난센스의 극치일 것이다.

4 한국인 해봅시다!

지난해 12월 29일, 한국전력과 UAE 원자력발전소 건설발주 최종 계약을 맺는 자리에서 UAE원자력공사(ENEC)의 모하메드 알 하마디(Mohamed Al Hammadi) 사장은 국내 언론매체와의 인터뷰에서 이런 멘트로 그간의 원전에 얽힌 히든 스토리를 마감했다.

"세계 최고의 원자력 안전관리와 최적(最適)의 완공능력은 한국인 특유의 해봅시다(Let's Do It) 정신에 감명을 받았다."

최근 1년 동안 한국을 10여 차례 방문해 '제2의 고향'이 되었다고 강조한 하마디 사장은 이런 비전까지 밝혔다.
"한국과 함께 중요한 프로젝트를 하게 된 데 대해 큰 자부심을 느낀다."

라고 하면서 "UAE 역사상 처음 짓는 한국형 원전이 원자력발전을 새로 도입하려는 다른 나라에게 롤 모델(Role-Model)이 될 것이다."라고 강조했다.

마지막 멘트에서는 한국어로 "합시다! 갑시다!"라고 똑똑히 말해서 그간의 준비와 조사가 얼마나 강하고 철저했는가를 기늠케 했다.

점프 코리아

올해는 서울에서 세계의 중심회의 G20이 열린다. 세계 재무장관회의를 모태(母胎)로 한 주요 20개국 정상회의는 한마디로 전 세계 '유지'들의 모임이다. 한국이 올해 11월 제5차 G20 의장국이 된 요인은 역사적과 지정학적으로 독특한 위상 때문이다. 미국·중국·러시아처럼 덩치가 커서 서로 견제하지 않고 영국·프랑스처럼 서로 으르렁대지 않으며 독일·일본처럼 주변 나라에 피해를 끼친 과거사도 없다.

실제로 원조를 받던 최빈국에서 자수성가해 다른 나라에 도움을 주는 원조국으로 변신한 유일한 나라이기도 하다.

이런 국운이 깃들기 시작한 이 나라가 이번 UAE 원전 수주에 성공한 것이다. 이제 '저탄소 녹색성장'의 국가 패러다임은 쨍하고 햇빛을 보는 일로서 우리의 염원은 희망 사항이 아니라 현실이 되었다.

모든 국민이 먹고사는 데 필요한 국부가 튼튼하게 자리를 잡고 동시에 일자리 창출의 꿈도 가시권에 접어들었다.

적절한 비유가 될 수 있을는 지 모르지만 지금의 한국 의료기술은 1980년대 서울대학이 실시한 미네소타 프로젝트에 의해 우수한 한국 학생들이 의료선진국 미국에서 직접 의술을 배우고 돌아 온 것에서 비롯된 점을 직시해야 한다.

원자력 수출 강국의 미래상도 한국 의료기술 일반화처럼 이러한 절차와 이런 마인드 확립에서부터 시작하면 된다.

2,600명의 증원 검토 중

한국전력과 한국수력원자력은 올해 상반기부터 2012년 하반기까지 2,600명의 증원이 점쳐지고 있다. '정원 10% 이상 감축'과 '성과급 제한' 등을 내세우며 공기업 구조조정을 밀어붙이던 정부의 정책 기조 마저 바뀌고 있다. 그동안 '채찍' 일변도였다면 이제는 필요한 인원을 늘려주고 일부 공기업에 자율성을 확대하는 등 '당근'을 병행하는 쪽으로 변화가 일고 있다. 이러한 정책 기조의 변화는 흥미가 많게도 중동 산유국의 그린 뉴딜에서 비롯되고 있다는 점은 시사하는 바 크다.

그린머니를 선택한 중동 산유국이 집중적으로 올인 전략에 나선 점은 풍부한 오일머니를 통해 친환경도시 건설에 박차를 가하는 것에서부터 한국을 파트너로 삼기 시작했다는 점까지 하나같이 국운웅기(國運雄基)와 밀접한 관계로 진행되고 있음을 의미한다.

도전 · 비약 · 웅비 · 미래

따라서 한국은 녹색성장산업으로서 원전 · 해외 플랜트산업을 차세대 수출전략산업으로 육성시켜 나가는 것이 과제로 남게 되었다.

이 과제는 한국 녹색성장산업 미래도에서 '채찍'일 수 있고 동시에 '당근'일수도 있다. 이제 한국은 건국 이래 최대 규모의 원자력발전소 수주를 통해 녹색성장산업이 국부의 확보와 일자리 창출에 일등공신임을 알게 되었다. 이를 도전정신을 바탕 삼아 비약의 날개를 달고 웅비해 미래의 한국을 착실하게 준비하는 일이 과제중 과제다.

이 과제가 중동 산유국에서 비롯되고 있다는 점은 이 나라들이 코펜하겐 시대가 요구하고 있는 대로 향후 녹색성장산업의 전진기지로 발전하는 의미부여를 가능하게 한다.

때문에 한국의 녹색성장산업이 전 세계를 무대로 성공하기 위해서는 좁은 국내시장에 안주하기보다 글로벌 개념에 따라 해외시장을 겨냥하는 자세와 정책으로 다시 일어서는 오뚝이 정신에 더 기대를 걸고 싶다.

다시 반복해 읽어보자. 이 책의 결론으로 모하메드 알 하마디 UAE원자력공사(ENEC) 사장의 코멘트를.

"해봅시다(Let's Do It)라는 한국인 특유의 정신에 감명을 받았다."

에필로그

■ ■ ■ 2009년 12월 27일 일요일

이 날은 그저 그런 날이다. 다른 점을 찾자면 성탄절을 맞이하는 시민들의 기분을 설레이게 하려는 듯 최근 들어 보기 힘든 26mm에 달하는 대설이었다.

대설 다음에는 경사가 겹친다는 옛날 어르신들 말씀답게 이 날 저녁 지상파 방송은 긴급 뉴스를 내보냈다. '긴급 뉴스'라는 단어로는 표현함이 부족하고 대신 글로벌 금융위기를 슬기롭게 극복한 한국을 향한 복음의 메시지가 전파를 타기 시작했다.

향후 '제2의 중동특수'로 회자될 UAE 원자력발전소 수주가 아부다비에서 전해왔다. 최종 경쟁업체 프랑스 아레바 컨소시엄을 따돌리고 한국전력이 주도한 코리아 컨소시엄이 최종 사업자로 선정되었다는 아나운서의 멘트에는 감격이 묻어 있었다.

국내 신문매체는 이렇게 머리 기사를 장식했다.

'47조 원 UAE 원전 따냈다.'

순간 나의 머리는 지중해로 나가는 길목 소말리아 해협으로 날아갔다.
지금 이 시간에도 함상 브릿지에서 해적들의 일거수일투족을 감시하는
눈을 부릅뜨고 있을 것이 뻔한 대한민국 한 이름모를 해군 장교, 내 대
신 내 카메라로 많은 비주얼을 만들어주신 그 멋진 장교의 얼굴이 오버
랩되었다.

소말리아해협 청해부대

2009년 12월 15일 오후 7시(현지시간)

우연하게 나는 아부다비 항구에 정박한 한국 한 군함을 방문하고 있었
다. 한국과 UAE 간 친선외교의 일환으로 청해부대 소속 문무대왕함은 전
용부두에 닻을 풀었지만 업무는 계속되고 있었다.

'친선의 밤' 행사는 계속되었고 나는 함상에서 차린 뷔페음식에다가 안동 소주로 조금 취기를 느꼈다.

그게 처음이자 끝이었다. 12일간의 일차(日差)가 흐르고 장소가 아부다비에서 서울로 바뀌었을 뿐인데 그날 뉴스는 '그게 바로 이것이었구나'라는 것을 실감시키고 있었다. 원자력발전소 수주와 소말리아 해협을 지키는 문무대왕함과의 관계가 주마등처럼 안겨왔기 때문이다.

건국 이래 최대의 해외 플랜트 수출로 평가받은 UAE 원자력발전소 수주의 성공 뒤에는 이 친선의 밤 행사가 일조했음을 알게 된 것이다. 행사 말미에 펼친 태권도 시범경기는 UAE 국민들에게 남다른 메이드 인 코리아(Made in Korea)를 심어 주었다.

초대 손님의 대부분은 군인복장 차림의 UAE 장성급이었다. 그들은 이번 수주를 통해 한국의 군사적 기술 지원과 군사 교육을 필요로 했었고 우리는 이에 화답하는 형식으로 군함까지 동원하는 정성과 측면지원을 아끼지 않았다.

굉장히 고마운 여러분

이 책이 출판되기까지 많은 분들에 정신적인 협조와 물질적인 지원이 있었기에 가능했다. 팩트(fact)와 객관성 확보를 위해 아부다비와 두바이를 처가에 다니듯 오고간 그동안 내가 받았던 친절과 도움은 필설로 다 기술하기 어렵다.

비록 벽촌의 시골사람 차림의 나에게 실망 했을 망정 내색 없이 내 손을 잡아주신 그 많은 고마운 분들의 고마움이 주마등처럼 스쳐가고 있다.

나와 같은 촌노(村老), 나와 같은 동시대인들은 역사의 질곡 한가운데서 바둥바둥쳤던 헝그리 코리안(Hungry Korean)의 전형으로서 1997년 1인당 국민소득 1,043달러를 경험했다. 보릿고개의 서러움을 온몸으로 치르면서 살았다.

그렇다고 이런 얘기를 하자고 이 책을 집필한 것은 절대 아니다. 다만, 이 중동시장을 그들보다 한 발 앞서 체계적으로 그린 마켓을 섭렵한 것 이

외는 아무 것도 없다.

정말은 올해 하반기부터 아부다비 도심에서 서쪽으로 330km 떨어진 원자력발전소 건설예정지 실라에서 최신형 무전기를 손에 들고 진두지휘하는 엑설런트 코리안(Excellent Korean)을 예상하고 이 책을 썼다.

그들은 보릿고개를 모르는 사람들이다. 좋은 시대, 좋은 부모에다 좋은 교육환경에서 세계를 품고 살아온 한국의 미래 주인공이자 나라의 보배들이다. 나는 이들과 중동시장에 대한 정보를 공유하기 위하여 이책을 집필했다.

젊은이들의 웅지와 패기야말로 향후 전 세계 원전 시장 1조 달러를 Made in Korea, 즉 순수 우리 기술로 독차지할 원동력이기에 그들에게 초점을 맞췄다.

다시 언급해도 이들의 활약과 기대는 그동안 내게 도움을 주신 모든 분들의 고마움에 대한 보상으로 간주하고 싶다.

우선 많은 자료를 챙겨주신 서울 한남동 압둘라 무함마드 알마이나 주

한 UAE 대사관님을 비롯하여 닥터 아담과 비서실 김진경님에게 감사를
드린다. 또한 채규남 UAE 한국대사관 에너지 상무관님과 정수미 님에게
도 진한 감사를 드린다. 그리고 김현중 아부다비 한인회 회장님을 비롯하
여 아부다비 한인교회 여러 교우님에게도 깊은 감사를 표하고 싶다. 매번
교통의 편의를 아끼지 않았던 박경준 삼성SDS 두바이 소장님의 친절은
이미 내 가슴에 품고 있다. 특히 오경환 KOTRA 중동·아프리카 본부장
님과 오응천 부장님께도 같은 감사를 드린다.

결국 이러한 고마움이 힘과 용기가 되어 이 책을 쓸 수 있었을 뿐 아니
라 중동시장을 사랑하고 중동시장 트렌드를 찾아다니는 글로벌 그린 마케
터의 신분답게 그린 비즈니스 모델(Green Business Model)을 만들고
제안할 수 있었다. 이들의 도움이 없었다면 애초에 불가능한 일이었다.

올해 경인년에는 경제주체, 즉 국가와 기업, 그리고 소비자(또는 개인)
모두에게 메이드 인 코리아의 위상이 드높아질 국운이 발기되는 한 해가

될 것이다. 세계 중심으로 갈 G20 의장국으로서 국가적 발전이 예정되어 있기 때문에 도약의 기회는 상대적으로 많아지게 된다.

기회는 오는 것이 아니라 준비하고 희망하는 자에게 우선적으로 안기기 마련이다.

국운과 천운이 함께 오고 있는 경인년을 맞아 고마운 분들에게 다시 한 번 감사를 드린다. 그다음 자리는 내 많은 독자님에게도 함께 드린다

참고문헌

* 강선용(2009). 〈셰이크 자에드와 그의 신화〉. 연세대학교 출판부.

* 강찬수(2007). '환경머니 860억 달러'. 〈중앙일보〉. 12.12.

* 권혁주(2009). 'UAE에 축구 이길 때 불통 뛸까 가슴 졸여'. 〈중앙일보〉 12.28.

* 김경도(2009). '똥에너지 가보니'. 〈매일경제〉. 6.24.

* 김광오(2009). '기적의 땅, 새만금'. 〈동아일보〉. 4.7.

*김은표(2009). '원자력 기술이 수소경제 앞당긴다'. 〈매일경제〉. 3.24.

* 김용준(2009). '삼성SDI, 車 전지 강자 제치고 월척 낚았다'. 〈한국경제〉. 8.4.

* 김홍수(2009). '녹색에너지 혁명의 메카를 가다. 〈조선일보〉. 7.14.

* 대니엘 예긴(1993). 〈황금의 샘〉. 김태유 역. 고려원.

* 박용성(2009). '개발할까? 빌릴까? 살까?'. 〈중앙일보〉. 10.9.

* 박일근(2009). '세계 그린 뉴딜 - 영국 GND보고서'. 〈한국일보〉. 1.14.

* 박찬우(2008). '환경금융이 기업을 바꾼다. 〈조선일보〉. 11.22.

* 복득규(2003). 〈클러스터〉. 삼성경제연구소.

* 사카비바라 에이스케(2005). 〈경제의 세계 세력도〉. 현암사.

* 서기열(2009). '중동도 EU처럼... 걸프협합군 단일통화 만든다'. 〈한국경제〉. 12.17.

* 서승욱(2009). '400억 달러....한국, UAE에 원전 판다'. 〈중앙일보〉. 12.28.

* 손경식(2009). 〈한-GCC FTA가 국내기업에 미치는 영향과 전략적 활용방안〉. 대한상공회의소.

* 손재권(2008). '그린아이디어가 돈'. 〈매일경제〉. 9.23.

* 손효림(2009). ‘80억…62억…46억 달러…해외건설 수주 대박행진’.
  〈동아일보〉. 11.21.

*신동엽(2009). ‘핵심역량 개념에 대한 오해와 진실’. 〈동아일보〉. 7.11.

* 심시보(2009). ‘원자력발전 르네상스’. 〈매일경제〉. 12.24.

* 심재우(2009). ‘뉴욕은 기술 LED 전시장’. 〈중앙일보〉. 5.7.

* 영국대사관(2009). 〈CBI 기후변화 대응 보고서〉.

* 유병연(2008). ‘GE는 어떻게 풍력발전사업 수익 3년 만에 4배 늘렸나’.
  〈한국경제〉. 1.8.

*유영규(2009). ‘국화에 가로막힌 이슬람머니 유치’. 〈서울신문〉. 12.29.

* 이규연(2009). ‘2009 Cool War’. 〈중앙일보〉. 6.13.

* 이수일(2009). ‘환경이 돈’. 〈조선일보〉. 11.22.

* 이영완(2009). ‘태양 만세’. 〈조선일보〉. 12.5.

* 이익원(2009). ‘1l로 100km’. 〈한국경제〉. 8.13.

* 이정전(1994). 〈녹색경제학〉. 한길사.

* 이정전(2000). 〈환경경제학〉. 박문사.

* 임은모(2007). 〈글로벌 브랜드 두바이〉. 미래사.

* 임은모(2009). 〈아부다비의 힘〉. 한국학술정보(주).

* 임은모(2009). 〈탄소제로시티 마스다르의 도전〉. 한국학술정보(주).

* 임은모(2010). 〈글로벌 그린 마켓 승자의 길〉. 한국학술정보(주).

* 이진우 · 이은주(2009). 〈녹색 인간〉. 한국학술정보(주).

* 장종회(2009). '글로벌 포커스 – 중국 풍력발전설비 기지'.

 〈매일경제〉. 11.16.

* 정성춘(2009). '포스트 체제의 기본 틀이 성공하려면?'. 〈조선일보〉. 5.22.

* 정태명(2009). '가나 수준의 한국 S/W 경쟁력'. 〈매일경제〉. 4.22.

* 제프리 로빈슨(2003). 〈석유 황제 야마니〉. 유경찬 역. 아라크네.

* 조호진(2009). '국산 연구용 원자로 요르단에 첫 수출'. 〈조선일보〉. 12.5.

* 조환익(2009). 〈중동 미래성장산업 진출 가이드〉. KOTRA.

* 차경진(2006). 〈이슬람 금융 개요〉. 해외경제연구소.

* 최정훈(2006). '해외로 눈돌리면 미래가 보인다'. 〈전자신문〉. 9.21.

* 토마스 프리드먼(2008). 〈코드 그린〉. 최정임?이명민 역. 21세기북스.

* 하제현(2009). '전기차 시대 새 다크호스 주목하라'. 포춘 12월호.

* 하현옥(2009). '미국과 이슬람의 새로운 시작'. 〈중앙일보〉. 6.5.

* 한국수출입은행(2006). 〈세계국가편람〉.

* 한국이슬람교중앙회(2006). 〈이슬람은?〉.

* 홍영식(2009). '한국이 액션 플랜 제시하다'. 〈한국경제〉. 12.18.

임은모

경력

광고평론가
한국문화콘텐츠학회 부회장
Al Ahmed Green Forum 공동대표
한일 마케팅 포럼 기획위원
한세대학교 광고홍보과 겸임교수 역임

저서

글로벌 브랜드 두바이(2007), 문화콘텐츠 비즈니스론(2008)
디지털 콘텐츠 입문론(2002), 디지털 콘텐츠 게임개발론(2002)
짐 클라크 수익모델 엿보기(2001), 취해도 광고는 바로 간다(1995)
성공기업 광고전략(1992)

연재

〈월간 Pop Sign〉 광고칼럼 연재
〈월간 디지털 콘텐츠〉 콘텐츠 개론 연재

강연

"It's Abu Dhabi & Masdar'
'at a glance Masdar by 글로벌 그린 마켓'
'글로벌 마케팅과 GCC 시장 접근전략'
'탄소제로도시 마스다르의 도전'
'아부다비의 힘'

논문

「광고전략에서 케이스스터디 영역과 역할에 관한 연구」(1997)
「모바일 콘텐츠에서 기술적 특성과 게임 프로듀싱에 관한 연구」(2000)

스위트
그린머니

지은이	임은모
펴낸이	채종준
기 획	김남동
마케팅	김봉환
아트디렉터	양은정
표지디자인	장선희
본문디자인	황혜정

초판인쇄	2010년 2월 26일
초판발행	2010년 2월 26일

펴낸곳	한국학술정보 ㈜
주·소	경기도 파주시 교하읍 문발리 파주출판문화정보산업단지 513-5
전 화	031)908-3181(대표)
팩 스	031)908-3189
홈페이지	http://www.ebook.kstudy.com
E-mail	출판사업부 publish@kstudy.com
등록	제일산-115호 (2000.6.19)

ISBN	987-89-268-0784-2 03320 (Paper Book)
	987-89-268-0785-9 08320 (e-Book)